The ENCYCLOPEDIA of
NINJA NINJUTSU

忍者忍术大百科

[日]入泽宣幸 著
叶文麟 译
[日]山田雄司 监修

贵州出版集团
贵州人民出版社

前言

所谓忍者

　　忍者的"忍"乃"隐忍"。能够隐遁身形，在不被他人知晓的前提下完成主公下达的命令，这样的人我们称为"忍者"。

　　忍者拥有超群的运动能力。他们的体力和敏捷性远超常人，不仅精通各种各样的武术，还拥有勇敢无畏的坚强内心和强大的忍耐力。忍者往往感官敏锐、善于思考。他们不但掌握许多科学知识，而且在记忆力和交流能力方面也相当卓越。只有像这样各方面能力都很强的人类，才能够胜任忍者的工作。

　　忍者拥有的特殊能力及精通的武术，被称为"忍术"。作为忍术的使用者，忍者遵循

一种名为"正心"的内心准则。

正心不等于绝对的正义。为了完成主公的命令，忍者会采取最妥善的方式。这种最妥善的方式就是对忍者而言的正确行动，也就是正心的表现。

使用忍术不能只为满足一己私利，而是要遵循正心。这是被写在世代相传的忍术典籍中的誓言。

本书除了网罗忍者使用的忍器、忍术、忍者集团、有名的忍者外，还详细地记载了忍者的历史、思想、生活、修行等方面的内容。

忍者的工作

距今400~500年前的日本战国时代，是忍者大放异彩的时代。

战国武将们征战不休，目的是扩张领土，最终夺取天下。为此，他们必须在战斗中不断获胜，因为一旦失败，就意味着死亡。他们有的战死了，有的则是因不甘接受胜者的控制而选择了自戕。

背负着这种你死我活的宿命，战国武将们为了夺取胜利而起用忍者。

忍者要潜入敌方阵营，搜集情报、纵火、刺杀、散布流言并引发混乱、劝说敌人倒戈相向……完成任务还要顺利生还。他们肩负的就是这样严苛的任务。

不仅如此，忍者也会上战场厮杀。武艺高超的他们在近身作战或奇袭中同样所向披靡。

总而言之，协助主公获得胜利，就是忍者的工作。

隐遁、潜伏

通过变装或隐遁在阴影中，潜入敌方阵营。

刺杀、纵火

奉命刺杀特定的敌人，或通过纵火等手段展开攻势。

制造混乱

散布虚假情报迷惑敌人，诱导敌人做出错误的战略布局。

作战

瞄准敌人的疏忽之处，一鼓作气发动攻击，掌握战斗的主导权。

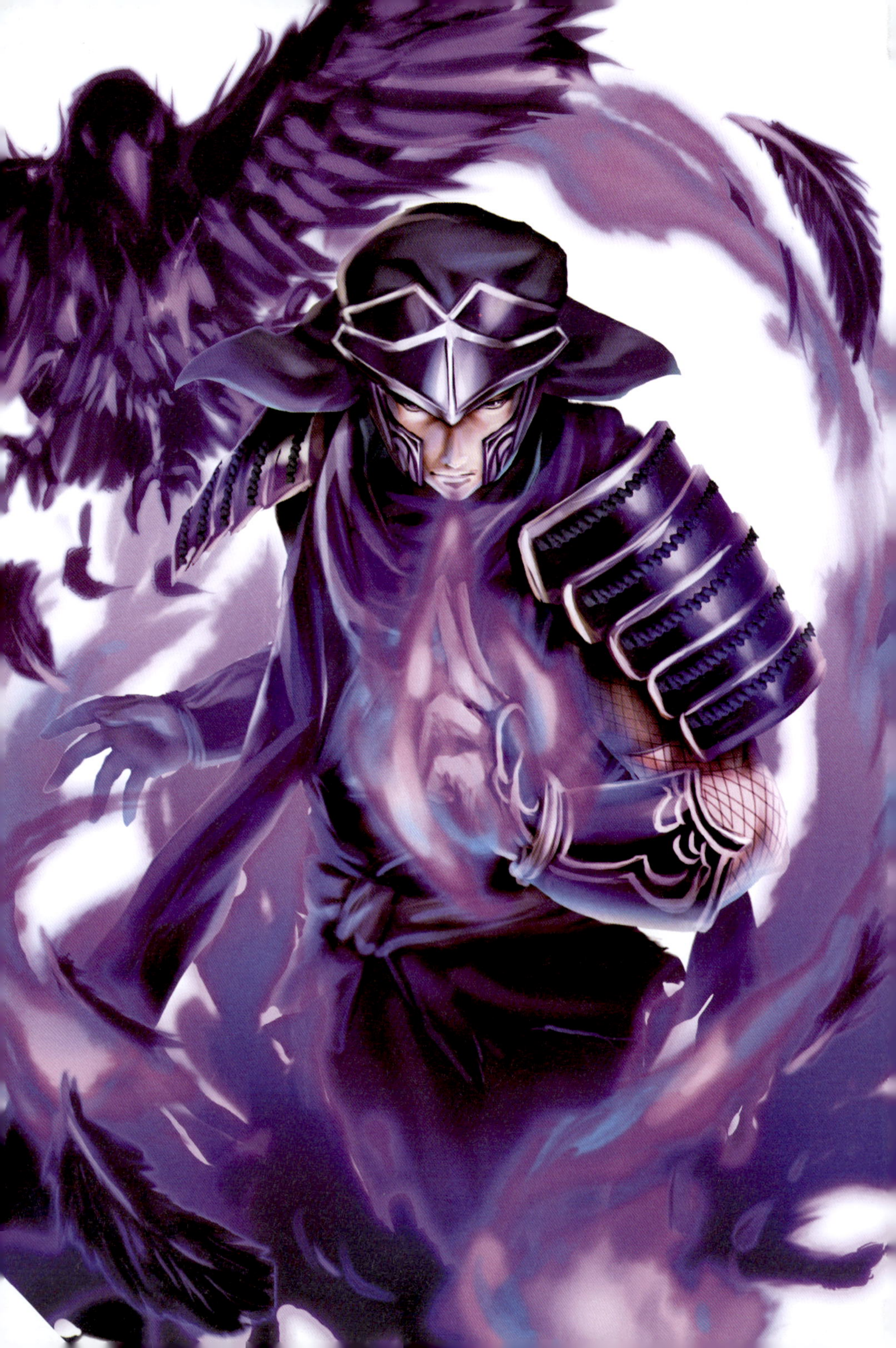

目录

第一章 忍者之姿与忍具

战斗服 忍者装束 ... 2
必备道具 忍者六具 ... 4
忍器 ... 6
① 手里剑 ... 6
② 忍者刀 ... 10
③ 机关武器 ... 12
④ 暗器 ... 14
⑤ 火器 ... 16
⑥ 变形武器 ... 18
⑦ 登器 ... 20
⑧ 开器（破坏器）... 21
⑨ 水器 ... 22
⑩ 苦无 ... 23
忍者的历史 ... 24
忍者餐 ... 26

第2章 心、技、体

忍者的内心准则一 不动之心 ... 32
手里剑术 ... 34
火术 ... 37
针术 ... 38
幻术 ... 41
忍者的内心准则2 非情之心 ... 42
分身术 ... 44
水术 ... 47
攀登术 ... 48
隐形术 ... 51
变装术 ... 52
忍者的内心准则3 理解人心 ... 54
女忍之术 ... 56
遁走术 ... 59
见敌术 ... 60

跑法	63
步法	64
忍者奇闻 1　用于集中精神的印和咒语	66
潜入术	68
窃听术	71
消臭术	72
止矢术	73
用害之术	74
传达术 ①	75
传达术 ②	76
人心术	78
记忆术	79
忍者的野外求生术 ①	80
忍者的野外求生术 ②	82
忍者的修行与锻炼 ①	84
忍者的修行与锻炼 ②	86
忍者的修行与锻炼 ③	88
忍者奇闻 2　忍者真厉害！超人般的身体能力	90

第3章　黑暗中的激斗

名门忍者　令人战栗的军团　伊贺忍者　其一	93
壮烈的伊贺之乱　令人战栗的军团　伊贺忍者　其二	95
精通火术与毒术的名门　甲贺忍者　其一	97
令人恐惧的钩之阵夜袭　甲贺忍者　其二	99
化身为武田信玄的耳目　三者	101
山伏也在谍报领域暗中活跃　伏赚	103
在北条氏的战争中大显身手　风魔党	105
僧兵组成的铁炮军团　根来众	107
铁炮加水军组成的雇佣兵集团　杂贺众	109
伊达政宗的影子军团　黑脛巾组	111
在背后支持智将的盲眼忍者　座头众	113
使用咒术的山岳忍者　真田众	115
令前田氏繁荣壮大的伊贺一派　偷组	117
借演出而潜入敌国的忍者　钵屋众	119
忍者奇闻 3　伊贺与甲贺是什么样的地方	120
忍者奇闻 4　忍者住屋　完全图解	122
忍者奇闻 5　早睡早起　忍者的生活	124

第4章 忍者列传

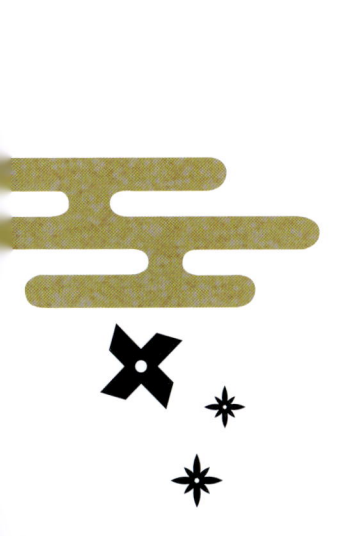

义经流忍术之祖　源义经 ……… 127

传扬忍者的心得　伊势三郎义盛 ……… 129

身怀令人畏惧之绝技的流浪忍者　加藤段藏 ……… 131

天下第一的幻术师　果心居士 ……… 133

本能寺中为信长殉身　伴太郎左卫门资家 ……… 135

擅长变装术的攻城名家　伊贺崎左卫门道顺 ……… 137

成为大盗的伊贺逃忍　石川五右卫门 ……… 139

北条氏风魔党的『怪物』头领　风魔小太郎 ……… 141

德川家康的守护神『鬼半藏』　服部半藏正成 ……… 143

暗中活跃在伊达政宗麾下　大林坊俊海 ……… 145

女忍培养学校的头领　望月千代女 ……… 147

神速的忍者　熊若 ……… 149

用火术将城池一举攻陷　高峰藏人 ……… 150

为长宗我部元亲而战　竹内虎之助 ……… 151

神出鬼没的烟术名家　望月出云守 ……… 152

伊贺忍者巨星　百地丹波 ……… 153

超人般的跳跃力　唐泽玄蕃 ……… 154

你是哪种类型的忍者？

架空的忍者❶　蟾蜍妖术师　自来也 ……… 155

架空的忍者❷　隐遁身形！『真田十勇士』的头领　猿飞佐助 ……… 159

架空的忍者❸　猿飞佐助的冷酷对手　雾隐才藏 ……… 161

从忍者身上，我们能学到什么？ ……… 162

……… 164

III

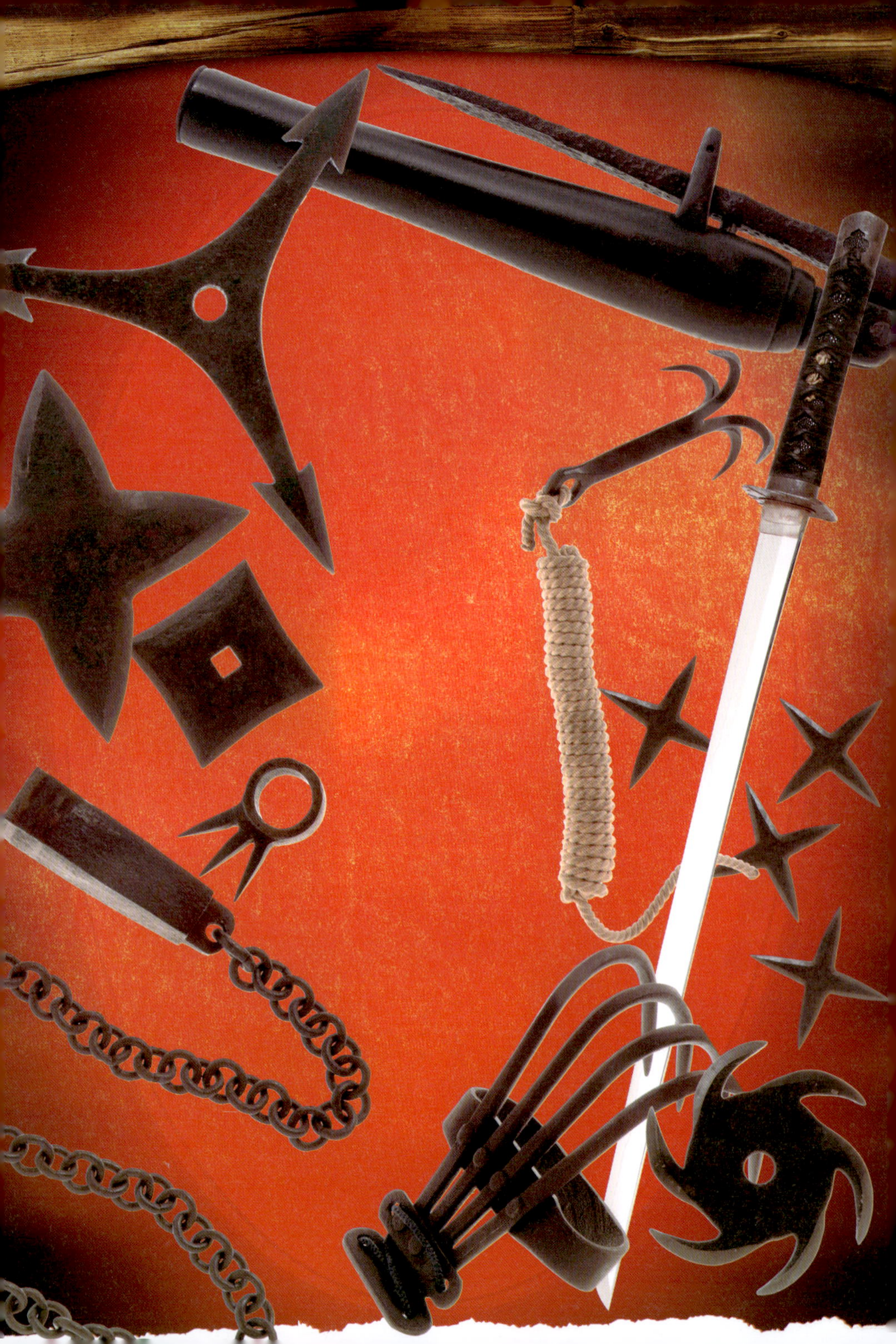

第1章 忍者之姿与忍具

忍者装束

战斗服

在夜幕下疾行的黑影——忍者，总是给人一种全身包裹在黑色装束中的印象。实际上他们穿得更多的是深褐色或深蓝色的衣服，很多时候这类颜色的衣服更加不起眼。忍者的衣服大多比较轻便，适合活动，具有很强的功能性。

头巾
由一整块长2米，宽50厘米的布构成。除了能遮掩面容，还可以当绷带或攀登墙壁的绳索。

上衣
附带细绳，可以通过打结来调整肩膀到袖口的长度。

裤子
膝盖处预留了空间，确保能活动自如。

绑腿
为防止杂草等东西钻进裤腿而用布带缠住小腿。

照片来源：伊贺流忍者博物馆

头巾的卷法

包住头部，卷起来。

翻折过去。

① 将自己右手边的布朝内侧翻折，包裹住鼻子。

② 用左边的布盖住右边的布，绕过下巴卷起来。

这部分不用翻折。

③ 把左右两边的布绕到身后，打结。

12个口袋

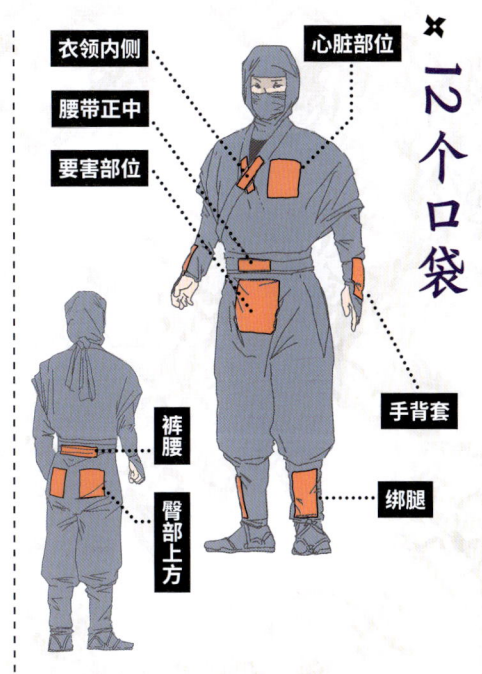

- 衣领内侧
- 腰带正中
- 要害部位
- 心脏部位
- 裤腰
- 臀部上方
- 手背套
- 绑腿

设置12个大小不一的口袋，最大的目的在于保护身体的重要部位。此外，还可以在口袋中放手里剑，起到类似盾牌的作用。

备选道具

背负袋
从左肩绕到右边腋下系住，用来运送重要的物品。

羽织
长途跋涉时的穿着。里外的颜色完全不同，两面都可以穿。逃跑的时候反过来穿，就可以迷惑敌人。

锁帷子
由铁网制成，交战时穿着，能够抵御刀剑的伤害。重量为5~15千克。

必备道具

忍者六具

虽然忍者善于使用各种不同的道具，但他们只会随身携带执行任务的必要物品。在执行隐秘任务时用到的基本道具，被称为『忍者六具』。

矢立　石笔

矢立是一种便携式笔墨套装。石笔是一种被称作"蜡石"的滑石。忍者会用石笔给同伴留下记号或暗语。

毛笔

矢立

裁纸小刀

石笔

钩绳

用于攀爬墙壁或翻越没有桥梁的山谷，也可以用来捆绑敌人、阻碍敌人的行动等。

松开绳子，就可以从里面取出药品。

印笼

忍者会使用数百种药品，比如伤药、毒药、安眠药等，印笼用于存放必备药品并随身携带。

编笠

内侧可以容纳编织在其中的秘密文件或隐藏箭矢。戴上可以挡住脸部。

可以把箭矢藏在这里。

打竹

竹筒上开着通风孔，以防火种熄灭。

火种

为了使用那些需要用火的武器，忍者时常随身携带装有火种的袋子。铜火（较大的打竹）内部缠着铁丝，以防火种点燃其他物品。

铜火　携带火种的袋子。

三尺手巾

长度为3尺。用来遮脸，或作为头巾、绷带使用。喝水时还可以用来过滤。

※1尺约为30.3厘米。

忍器

忍者执行任务时，会使用各种各样的武器，被称为「忍器」。

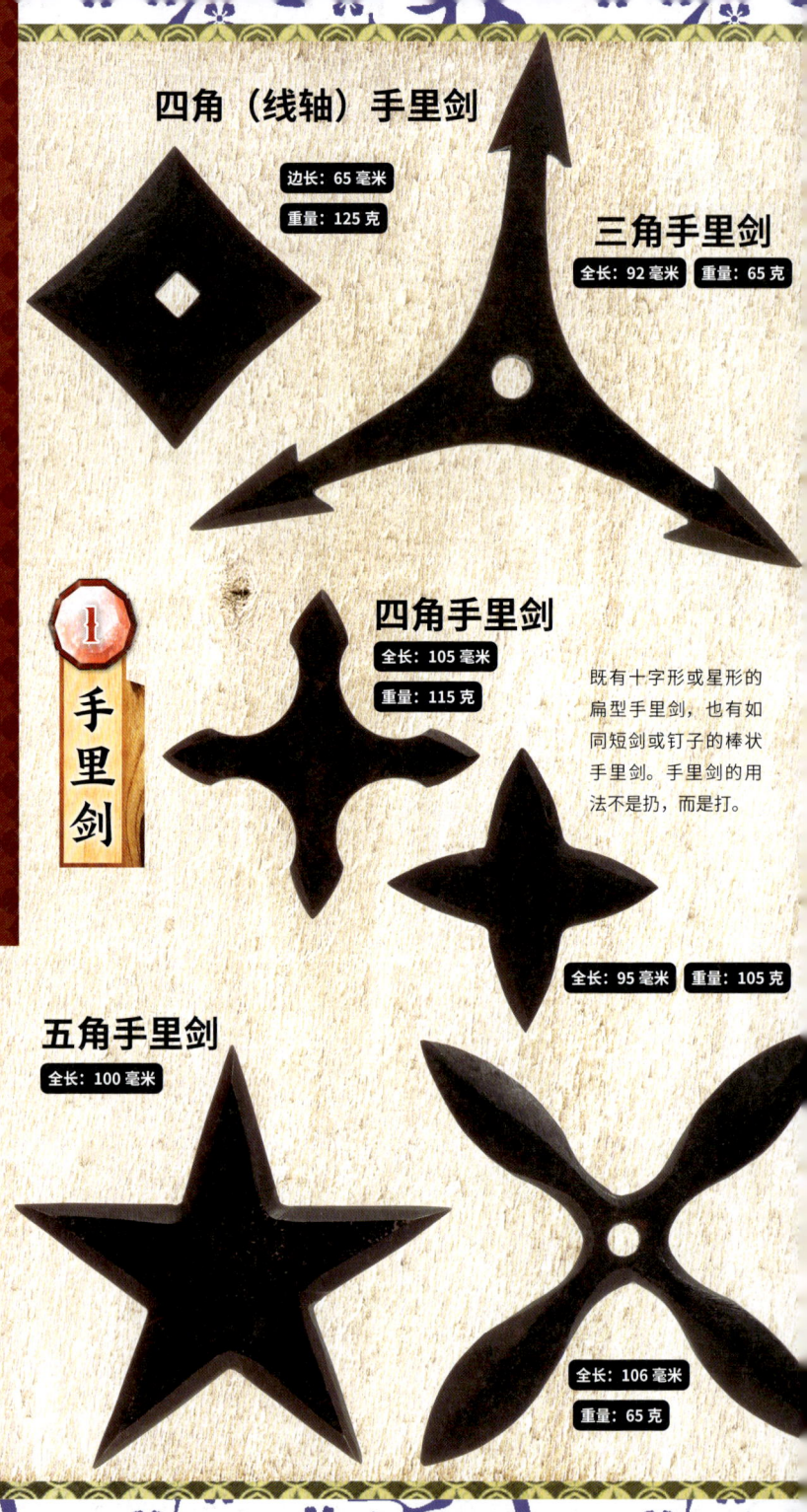

1 手里剑

四角（线轴）手里剑
边长：65毫米
重量：125克

三角手里剑
全长：92毫米　重量：65克

四角手里剑
全长：105毫米
重量：115克

全长：95毫米　重量：105克

既有十字形或星形的扁型手里剑，也有如同短剑或钉子的棒状手里剑。手里剑的用法不是扔，而是打。

五角手里剑
全长：100毫米

全长：106毫米
重量：65克

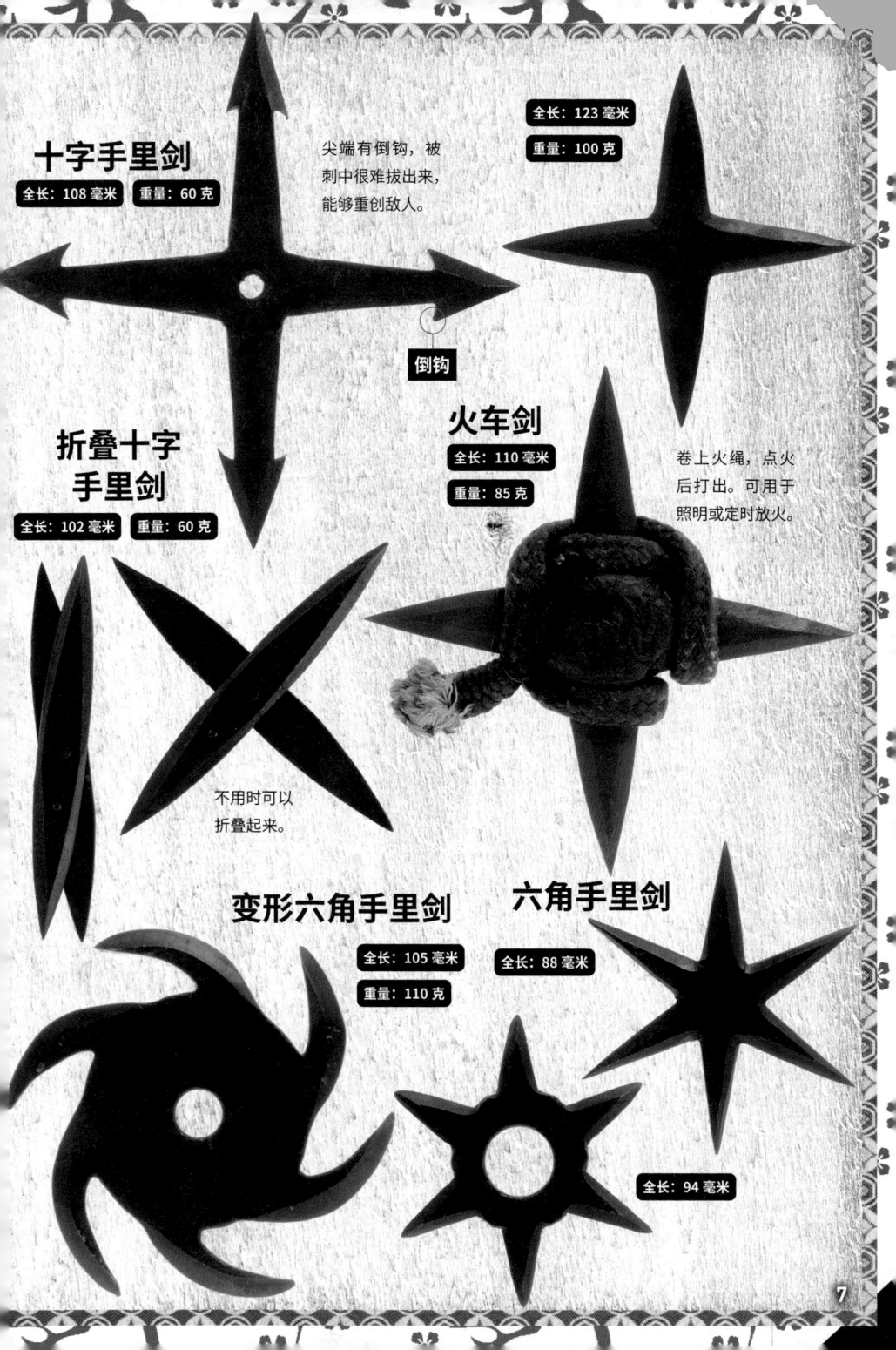

十字手里剑
全长：108 毫米　重量：60 克

尖端有倒钩，被刺中很难拔出来，能够重创敌人。

全长：123 毫米
重量：100 克

倒钩

折叠十字手里剑
全长：102 毫米　重量：60 克

火车剑
全长：110 毫米
重量：85 克

卷上火绳，点火后打出。可用于照明或定时放火。

不用时可以折叠起来。

变形六角手里剑
全长：105 毫米
重量：110 克

六角手里剑
全长：88 毫米

全长：94 毫米

卍（万）字手里剑
全长：82毫米 **重量：60克**

八角手里剑
全长：110毫米 **重量：190克**

尖角较多，比较容易刺中，但也会产生阻碍，导致刺得不够深。

全长：105毫米
重量：110克

流形卍字手里剑
全长：93毫米 **重量：70克**

外侧和内侧均开刃，能够重创敌人。

铁球
纵向：95毫米
横向：88毫米
重量：112.5克

尖角的数量并不固定，只要出手，基本能够刺中。一般朝敌人的面部打出。

车剑
全长：80毫米
重量：62.5克

说到忍者的武器，最先被提及的想必就是手里剑。

然而在忍术书中，对手里剑的描述非常少。说起通过投掷东西来作战，可能用到石头的场合更多，毕竟手里剑一旦被敌人拿到，就会立刻成为对方的武器。因此，手里剑更有可能是忍者在入侵被发现等紧急情况下，用于唬住对方、争取时间的道具。

为了能在黑暗中也有很高的命中率，手里剑从造型到使用方法都体现着各种各样的巧思。据说其尖角有时还会涂上毒药。

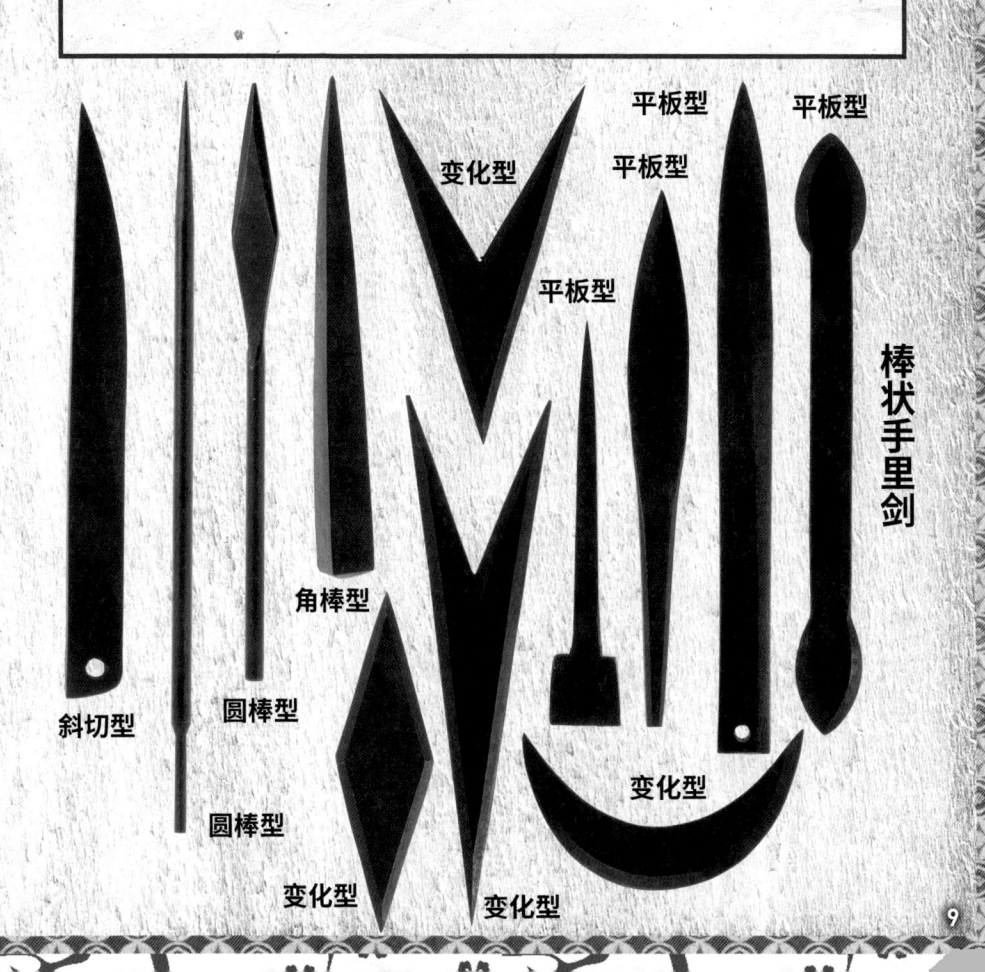

平板型
变化型
平板型
平板型
平板型
棒状手里剑
角棒型
斜切型
圆棒型
圆棒型
变化型
变化型
变化型

② 忍者刀

全长：910 毫米
刀身：543 毫米
绦带：3 米

绦带

刀身很短（一般的刀，刀身长度接近 700 毫米），呈直线。

刀身短而直，护手（刀柄和刀身之间的扁平铁板）是正方形的。最大特征是刀鞘上的绦带很长。凭借这条绦带，忍者刀衍生出斩和刺以外的很多用法。

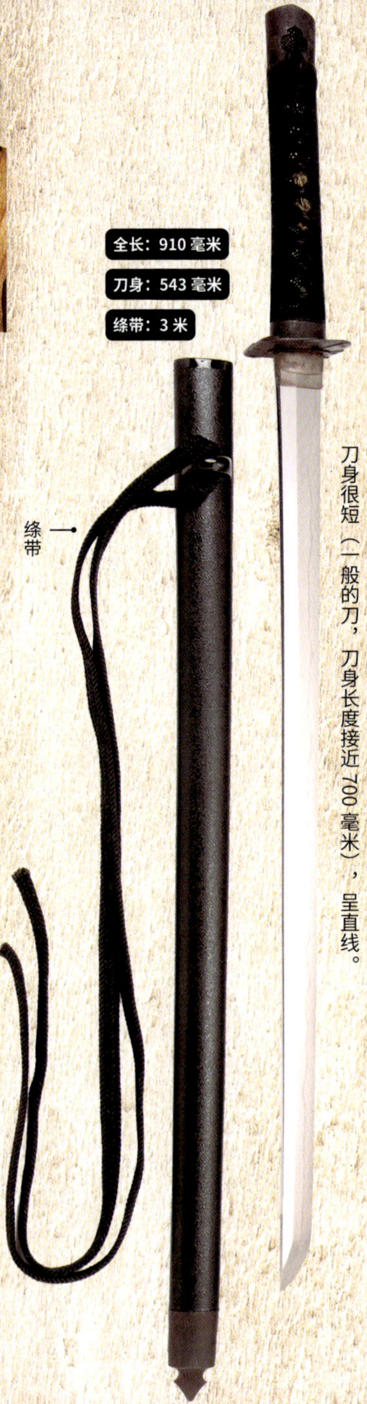

绦带七术

警戒绳之术

在房间入口处布置绦带，用来绊倒敌人。

止枪之术

用绦带缠住枪柄，抵御敌人的进攻。

止血或捆人

通过缠住伤口距离心脏更近的一端来止血，或用于捆绑抓到的敌人。

睡眠之法
把两把刀的绦带系在一起，人睡在绦带上面，睡觉时刀就不容易被敌人夺走。

钓刀之法
用作登器。用嘴咬住绦带，把刀立在墙边，当作踏板向上攀登。爬上去再拉动绦带将刀收回。

野外帐幕
在野外露宿时，将绦带绕过三棵树系好，再把羽织盖在上面，就能做成简易的帐篷。

座探之术
在伸手不见五指的室内或暗处，用刀鞘探寻敌人或障碍物。

内藏分铜锁和刀的手杖

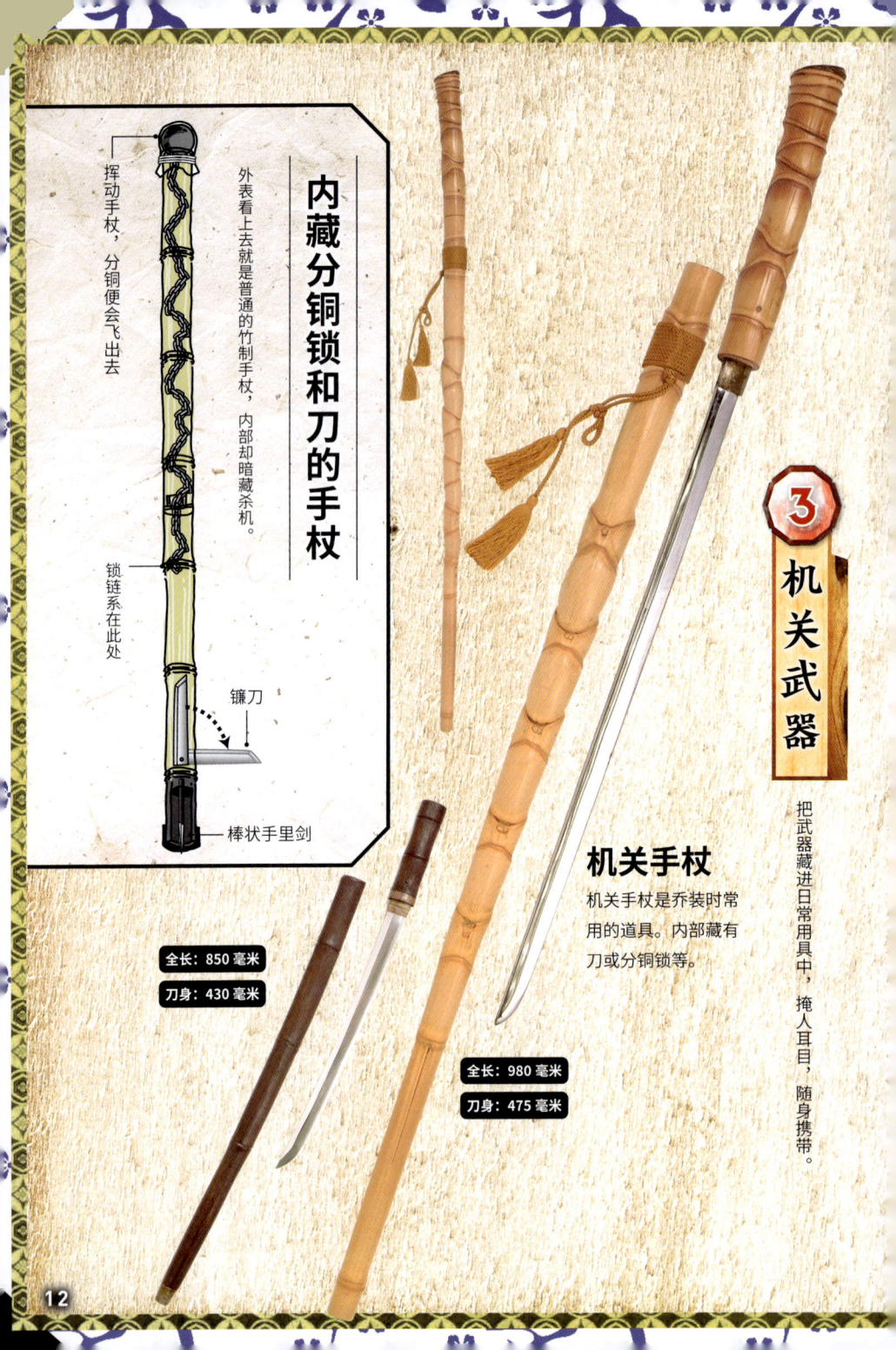

外表看上去就是普通的竹制手杖，内部却暗藏杀机。

挥动手杖，分铜便会飞出去

锁链系在此处

镰刀

棒状手里剑

全长：850 毫米
刀身：430 毫米

3 机关武器

把武器藏进日常用具中，掩人耳目，随身携带。

机关手杖

机关手杖是乔装时常用的道具。内部藏有刀或分铜锁等。

全长：980 毫米
刀身：475 毫米

机关铁扇

这种铁扇以铁为扇骨，不仅可以用来防身，还能用暗藏的刀提升攻击力。

机关烟袋

烟袋是用来抽烟的，同样可以暗藏刀具，还可以暗藏铁炮。

全长：257 毫米
刀身：135 毫米
重量：476 克

全长：215 毫米
刀身：140 毫米
重量：120 克

全长：335 毫米
刀身：168 毫米
重量：95 克

机关火筷

火筷中可以藏入锥子这样较细的锐器。

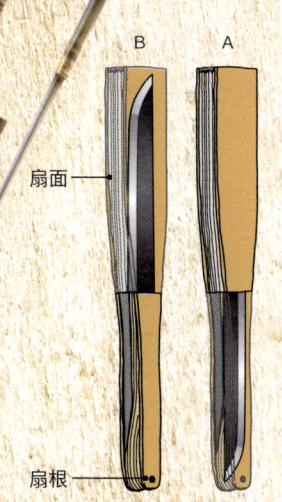

扇面

B　A

机关铁扇的构造

分为把刀藏在手持部分的 A 类铁扇和藏在扇面部分的 B 类铁扇。

扇根

4 暗器

藏在口袋、腰带或掌心里的武器，被称为『暗器』。在突发的近身战中能够发挥强大的威力。

全长：32~65 毫米
重量：15~37.5 克

角手

有尖角的指环，是最小的暗器。

使用方法

尖角朝内，隐藏在手指之间，在抓住敌人的手臂或手腕时刺下，造成伤害。

猫手

全长：58 毫米
重量：约 70 克（1 个）

套在指尖，用来抓伤敌人的脸。如果在尖端涂上毒药，能够杀死敌人。

万力锁

全长：1120 毫米
重量：330 克

一种锁链两端附有重物的武器。可以用来缠住敌人的脖子。

寸铁

全长：155 毫米

套在手指上，藏于手心，用来抵挡攻击或刺向敌人。可以在手指下方旋转。

枪身
把手

全长：164 毫米
重量：354 克

掌心铁炮

手掌大小，用于暗杀的铁炮。

结构

同时握住把手和枪身来发射子弹。

铁拳

套在手上使用，威力远胜赤手空拳。

全长：102~195 毫米
重量：230 克

使用方法

将刀刃或尖端朝外，握在手中，击打或刺敌人。

手甲钩

除了用钩爪进攻，还能防御敌人的刀剑。据说还能充当登器。

使用方法

握住环带，钩爪朝向手背。

爪长：165 毫米
重量：125 克（1 个）

15

5 火器

被誉为忍者最擅长使用的忍器。除了放火、引发爆炸，还可以用来威吓敌人、通信、照明等，用途非常广泛。

宝禄火矢

用未上釉的陶器等制作而成的手榴弹。点火之后投掷出去。

纵向：115 毫米
横向：135 毫米
重量：485 克

火药被封装在内部，压力增加就会爆炸。

可以通过调整火绳的长度控制爆炸的时间。

钉子、火石等
火药
火绳

球体直径：50~60 毫米
重量：20~25 克

鸟之子

能产生巨大的声音和烟雾的烟幕弹。可以吓退敌人，趁机逃跑。

导火线
鸟之子纸
火药

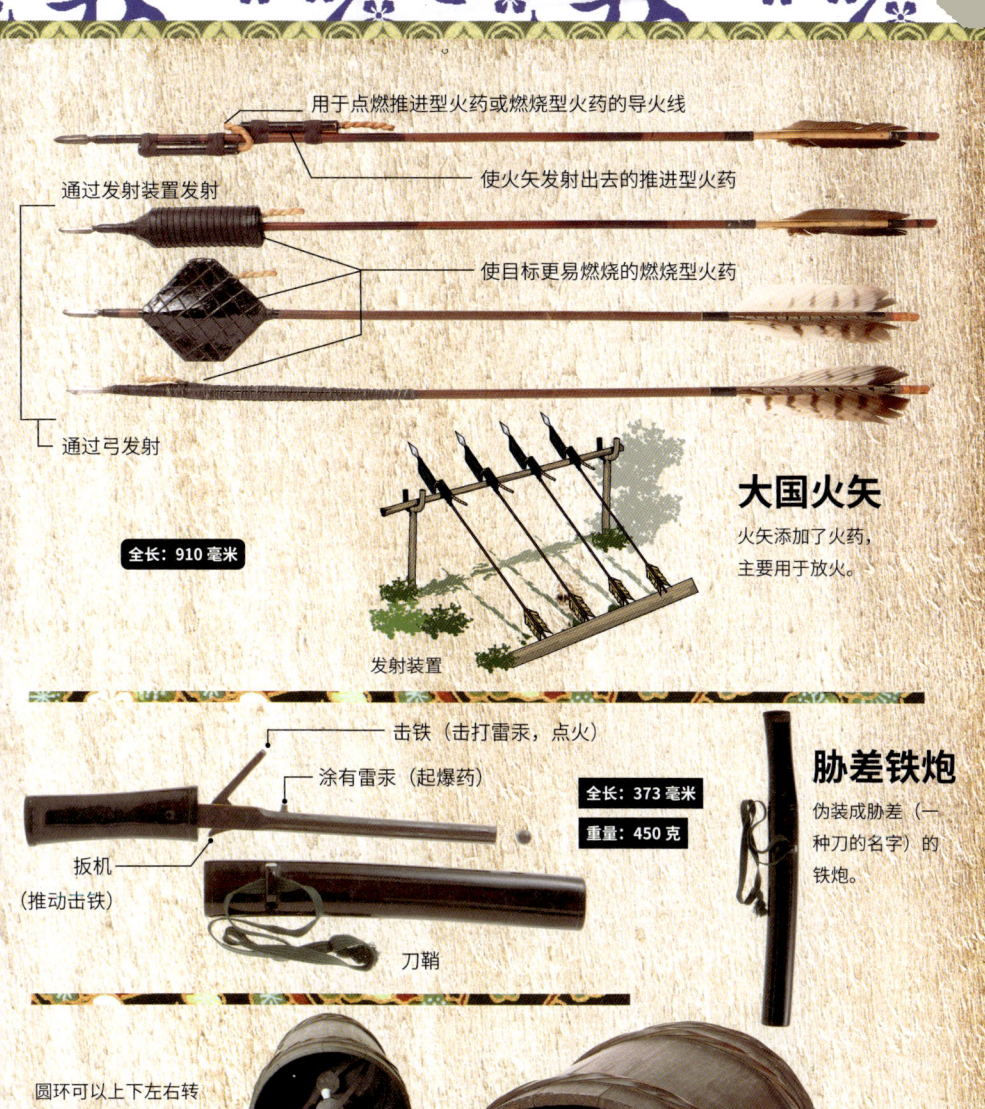

用于点燃推进型火药或燃烧型火药的导火线

使火矢发射出去的推进型火药

通过发射装置发射

使目标更易燃烧的燃烧型火药

通过弓发射

大国火矢

火矢添加了火药，主要用于放火。

全长：910 毫米

发射装置

击铁（击打雷汞，点火）

涂有雷汞（起爆药）

胁差铁炮

伪装成胁差（一种刀的名字）的铁炮。

全长：373 毫米
重量：450 克

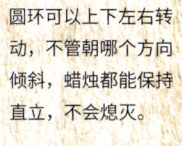

扳机
（推动击铁）

刀鞘

圆环可以上下左右转动，不管朝哪个方向倾斜，蜡烛都能保持直立，不会熄灭。

从下往上看的样子。蜡烛笔直地朝上。

龛灯

随身携带的照明工具。

直径：208 毫米
全长：278 毫米
重量：890 克

一端附有重物，保证一直朝下。

6 变形武器

用于逃脱敌人追击以及阻挡敌人前进的各种武器。许多令人意外的物品往往能成为有力的武器。

撒菱

四角都有尖刺，无论怎么放置，都有一根尖刺朝上。在逃脱敌人的追击时，可以打开别在腰间的撒菱筒，倾斜筒身，倒出撒菱。

全长：30~40 毫米

目溃

喷射口　盖子

内部装着铁粉、沙子、辣椒粉等粉状物。朝着敌人的眼睛吹气发射。

吹气口

内部有金属网，粉状物不会回流。

簪

女忍者插在头上不会引起怀疑。握在手中可以用来刺敌人，或当作手里剑打出去。

全长：120~165 毫米

笄

盖子
喷射口

微尘

挥动起来击打敌人，也可以朝敌人的脚或武器投掷，缠住敌人。

吹气口

全长：86 毫米（上）
全长：84 毫米（下）
重量：73 克（上）
重量：102.6 克（下）

锁链长：约 370 毫米

18

闭户器

夹在纸拉门的缝隙中，使门无法打开。可以用来为逃跑争取时间。

长度：94 毫米（右）

长度：69 毫米（左）

锔子

钉在门上，使门无法打开。也可以钉在墙上或树干上，用作登器。

全长：60~210 毫米

重量：22~180 克

南蛮钩

能够抵挡敌人的刀刃。夹住敌人的手腕并扭转，就可以挡住攻击。

全长：170 毫米

锁镰

由较小的镰刀和分铜以锁链连接构成。挥动锁链，可以卷走敌人的武器，也可以用镰刀攻击敌人。

镰刀全长：84 毫米

锁链全长：1018 毫米

重量：558 克

袋枪

便携武器。不仅可以用来手持作战，也可以就地插在木棍上，当长枪用。

全长：195 毫米

镰刀全长：120 毫米

锁链全长：1561 毫米

重量：630 克

7 登器

对忍者而言,潜入敌人的领地、住宅获取情报是非常重要的任务,而攀登墙壁的必要道具便是登器。

钩爪全长: 75~120 毫米

钩绳
由铁制钩爪和结实的绳索构成。使用时朝高处抛去,利用钩爪固定,然后攀登。还可以在道路上拉开绳索,用来绊倒敌人。

打钩
双手握持就可以攀爬墙壁。

全长: 190 毫米

忍者钉耙
拉直后会变成一根长棍。折叠起来便于携带。

全长: 167 厘米
重量: 290 克

8 开器（破坏器）

在潜入敌方领地时，必须想办法破坏门墙。忍者可以巧妙地利用有限的道具完成任务。

凿子

可以当起钉器来用，或者直接用来破门。

全长：179 毫米（右）
全长：184 毫米（左）
重量：100 克（右）
重量：92 克（左）

刃曲

全长：540 毫米
重量：108 克

能折叠的锯子。可以用来撬锁，或插入门缝中切断门锁。

坪锥

像圆规一样，用一个尖角作为支点，通过画圆来开洞。主要用在土墙上。

锲

便携的锯子。一边是粗齿，一边是细齿。有不同的造型，使用也很广泛，号称"随身必带3把"。

全长：194 毫米（右）
全长：160 毫米（左）
重量：186 克（右）
重量：120 克（左）

全长：160 毫米（右）
全长：214 毫米（左）
重量：118 克（右）
重量：110 克（左）

9 水器

水蜘蛛

忍术书《万川集海》仅记载了"水蜘蛛"的制作方法,并没有说明使用方法。

直径:623毫米
厚度:30毫米

必须渡河时,该怎么做呢?为了防止入水导致体温下降,忍者会使用专门的道具。

由木头制成,可以浮在水面上,也能相对保持平稳。相传忍者会把它穿在脚上,在水上滑动着前进,但现代人踩着"水蜘蛛"会马上沉下去。根据最近的研究,把中间的木板骑在胯下当游泳圈用的说法更加可信。不过,想来忍者的能力远超现代人的想象,说不定他们真的能在水上行走。对此,你是怎么想的呢?

蒲筏

割下生长在水边的香蒲,系成一捆,中间穿插放置木板,以保持平衡。

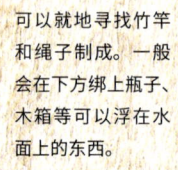

瓶筏

可以就地寻找竹竿和绳子制成。一般会在下方绑上瓶子、木箱等可以浮在水面上的东西。

苦无

全长：395 毫米
重量：332 克

用质量上乘的钢铁制成，非常坚硬。用途非常广泛，作为武器，既可以像手里剑那样打出去，也可以拿在手中作战；可以用于在地上挖洞或破坏门窗；据说在攀爬墙壁的时候，可以刺进墙壁里借此向上爬；还能替代打火石用来生火。苦无大小不一，还有附带绳索的种类。

在忍器中应用范围最广、最便利。

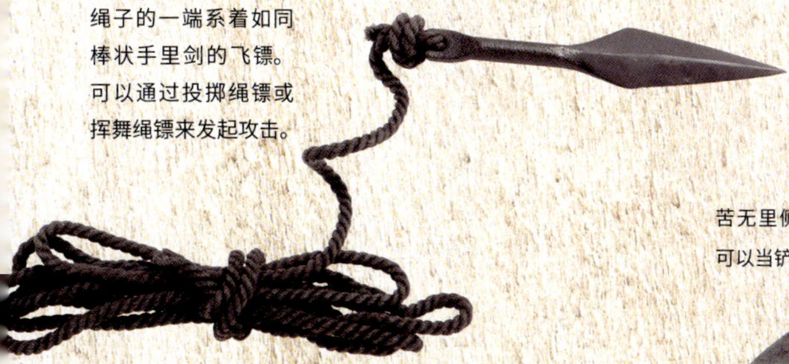

苦无里侧凹陷，可以当铲子用。

绳镖

全长：180 毫米

绳子的一端系着如同棒状手里剑的飞镖。可以通过投掷绳镖或挥舞绳镖来发起攻击。

忍者的历史

6—7 世纪

在圣德太子麾下十分活跃

日本最早的正史文献《日本书纪》记载,日本与当时的新罗交战,曾抓捕来自新罗的间谍。这么说来,当时日本恐怕也派出过间谍。

江户时代的忍术书中有这样的记载:辅佐推古天皇的圣德太子为收集情报而起用大伴细人(日本忍者的祖师爷),并将他命名为"志能便"。

13 世纪 / 镰仓时代

恶党变成忍者

这个时代出现了被称为"恶党"的武士团。他们频繁围绕土地进行斗争,为了获胜不断在深山中训练。有人据此认为,恶党成为忍者的手下,他们的训练成果也逐渐发展成忍术。

14 世纪 / 室町时代

忍者登场

有关忍者的文字,最早出现在成书于1370年前后的《太平记》中。书中有"忍(者)趁着风雨天气潜入敌营放火"的记载。

15—16 世纪 / 战国时代、安土桃山时代

被战国大名重用

15世纪后半叶，以应仁之乱为契机，盘踞各地的势力开始相互争斗，日本进入战国时代。

战国大名需要忍者帮助他们获得对战斗有利的情报，于是流浪的武士、山贼等纷纷化身忍者，在这个时代大放异彩。

起初，忍者只是临时被雇用，后来才逐渐出现专为特定武将效命的忍者集团。

17—18 世纪 / 江户时代

忍者改头换面

德川家康一统天下后，随着和平时代到来，忍者的工作也发生了巨大的变化。有的在江户城负责警卫，有的在各藩下属的城镇中维持治安。有时，忍者还会执行一些搜寻任务。

《万川集海》《正忍记》等忍术书记录的正是这个时代的事。

忍者餐

忍者的饮食生活是怎样的呢？
我们尝试制作了一些忍者实际吃过的食物。

朴实却健康的饮食

忍者平日大多以农民的身份生活。例如伊贺忍者，据说就是以稗、粟、糙米等熬制而成的粥作为主食的。这些谷物和我们现在吃的大米相比，含有更多的矿物质。在此基础上，还有季节性的蔬菜、大豆、淡水鱼，有时还会吃蛇或青蛙等来补充蛋白质。虽然忍者的菜谱十分朴素，但足以为他们提供均衡的营养。

适合长期保存，还能充当药物

当时的粮食收成可以说完全靠气候决定，因此必须储备能够长期保存的粮食。此外，忍者对草药非常熟悉，会随身常备一些可以当作药物的食品。

材料

- 糯米粉 150 克
- 粳米粉 150 克
- 莲子 8 克
- 薏仁 8 克
- 桂心 8 克
- 山药 8 克
- 冰糖 180 克
- 高丽参 0.4 克

能够缓解疲劳的兵粮丸

这是一种能够立刻缓解疲劳的便携食品。在冰糖与各种中草药的作用下,不仅能够补充能量、平复心情,还能够缓解疼痛。

1. 将所有材料研磨成粉。
2. 加入适量的水,将粉沾湿(便于揉成丸子)。
3. 揉动材料,使之充分混合。
4. 搓成直径 1 厘米左右的丸子。
5. 蒸 10 分钟左右即可。能够长期保存,也方便携带。

材料

- 糯米粉 50 克
- 荞麦粉 50 克 
- 山药 50 克 
- 薏仁 25 克 
- 苜蓿 2.5 克 
- 高丽参 25 克  

使身心都能做好万全准备的饥渴丸

这是一种潜入敌营时可以随身携带的食品。原料有荞麦粉和糯米粉，饱腹感很强，并且由于加了高丽参等中草药，还有缓解疲劳的作用。

1. 将所有材料研磨成粉。
2. 加入适量的水，没过材料（实际制作时会加入大量的酒，经 3 年时间完全晾干）。
3. 放入锅中。
4. 煮至所有材料混合在一起。
5. 由于黏性很强，放凉后再搓成桃核大小的丸子。

材料

| 茯苓 45 克 | 乌梅 23 克 | 何首乌 23 克 | 甘草 15 克 |

| 薄荷 15 克 | 葛粉 15 克 | 梅干 23 克 |

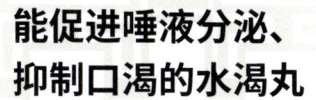

能促进唾液分泌、抑制口渴的水渴丸

吃下这种丸子，会有一种清爽的香气在口腔中扩散，再加上柔和的甜味与酸味的刺激，会自然地分泌唾液。它还能缓解咽喉疼痛，防止在行动时不小心咳嗽。

1. 将所有材料研磨成粉（梅干要把核取出来并撕碎）。
2. 加入适量的水，将粉沾湿（按照上面的分量，大约需要 135 毫升水）。
3. 比较难成型，需要反复地揉。
4. 搓成直径 1 厘米左右的丸子即可。

第2章 心、技、体

忍者的内心准则 1

不动之心

对忍者而言，最重要的内心准则是什么？

答案是"不动之心"——毫不动摇的内心。它的意思是，无论遇到什么事情都能保持冷静，内心岿然不动。

潜入陌生的场所时，可能会产生强烈的焦虑情绪——攀爬石墙有跌落的风险，潜入城中有暴露身份被杀死的可能。可是，如果为此而内心动摇、畏缩不前，那么执行任务也就无从谈起了。

忍者总是与危险同行。为了能一次又一次地险中求生，忍者必须时刻做出最佳判断。为此，需要做的并不是思考"发生意外该怎么办"，而是随时做好"即使发生意外也要保持冷静"的心理准备。这才是所谓的毫不动摇的内心。

忍者每天都会进行严酷的修行，钻研高难度的忍术，提升体能。通过这些方式培养出的自信心，是"不动之心"的基石。唯有拥有强大的内心，忍者才能所向披靡。也就是说，身体与心灵是一体的，即所谓的"形神合一"。

1

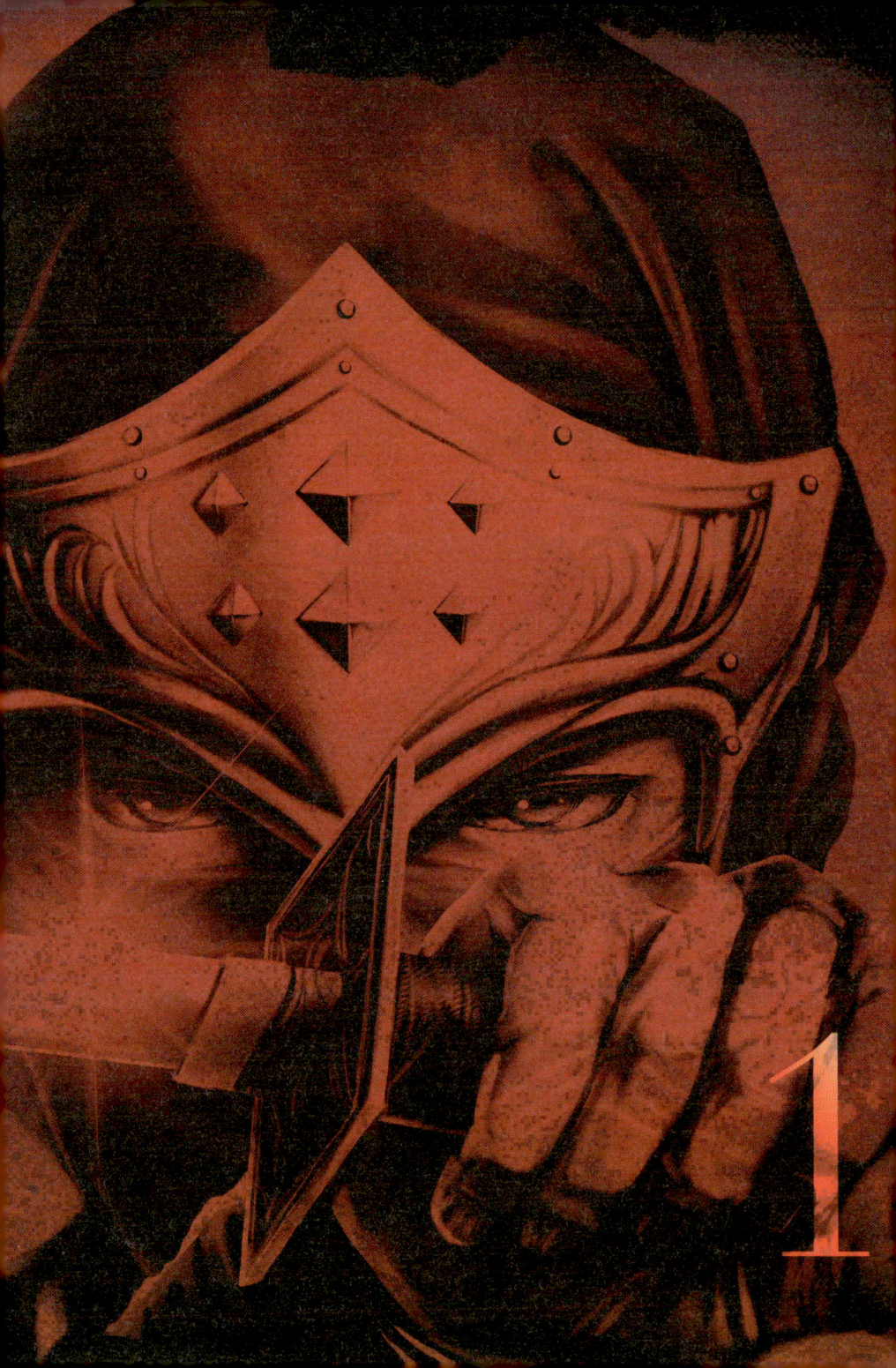

手里剑术

握法

直打
剑尖与指尖朝向同一个方向

● **棒状手里剑**
剑尖朝外，用食指和中指夹住。

● **扁型手里剑**
握住一个尖角，伸出食指。

打法

● **反打**
自胸部的高度水平挥动手臂。打出时要甩动手腕。

● **横打**
扭动肘部，横向打出。

● **正打**
从头部后方向前甩动打出。这样能让手里剑旋转着打出。

棒状手里剑

回旋打
剑尖朝向手腕

2米左右的近距离下，使用不旋转的直打法（如下图）。3米左右的距离下，要将剑尖朝向手腕（如左图），使用回旋打法打出。

34

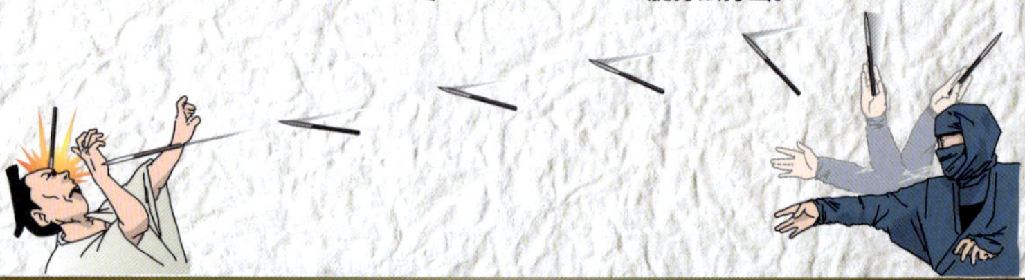

使用手里剑需要随机应变、当机立断,并且不管身处多么黑暗、狭窄的空间,不管自身是什么样的姿势,都要保证能够立刻打出。

平时忍者会将手里剑放在鹿皮袋中随身携带。如果放在胸口的暗袋中,还能起到防弹、防刀的作用。

埋 火

一种埋在地下、敌人踩到就会爆炸的武器，也就是所谓的地雷。这种武器能够令敌人恐惧万分。

火术

火术是能提升忍者战斗力的技术。潜入敌营放火本就是忍者的拿手好戏，通过释放烟雾隐藏身形的火遁之术、与友军联络所用的狼烟以及在水下也不会熄灭的照明方法等，都属于火术。此外，忍者也擅长使用铁炮和火矢。可以说不管出于什么用途，他们都能灵活地运用火。

使用火术，不可或缺的是火药。在铁炮传入日本前，忍者就已经能够独立研制和使用火药。

使用粪、尿的火药

火药以硝石为原料，但日本并不产出硝石。忍者会用粪、尿来制作硝石。他们把动物的粪、尿混合起来，埋在土里，经过细菌分解，生成硝石。

火术所用火药的原料

- ◆ 矿物　硝石、硫黄、明矾等。
- ◆ 植物　樟脑、木炭、艾草、松脂、竹筒等。
- ◆ 动物　牛、马、鼠、蚕等的粪、尿。

水中火把

这是一种潜入水中也不会熄灭的火把。将硝石、硫黄、灰、松脂、樟脑、艾草、鼠粪等原料塞入竹筒中，用竹皮缠好制成。

竹子皮
竹筒

埋火

在平铺的火药或金属片上放上竹筒，竹筒中放入点燃的线香，然后盖上。一旦敌人踩上去，踩裂竹筒，线香上的火就会点燃火药。

木箱　线香　竹筒　火药或金属片

针术

除了忍者六具，忍者平时还会随身携带针。小小的一根针，不管是防身、攻击还是缝缝补补，在很多方面都能发挥作用。例如，有一种"吹针术"，即在吹筒里放入针，将针吹出去就能在不知不觉中进行暗杀。还有一种把针含在嘴里射出去的"含针术"。遭遇敌人并与之纠缠的时候，可以对着敌人的眼睛射出，趁机逃脱。

针还可以用来治病，例如刺破肿块、放出脓水等。把磁化的针放在水面上，可以用来辨别方向。

三棱针

吹针术、含针术所用的是三棱针。这种针有三条棱，横截面呈三角形。

吹筒

在纸筒上戳几个与笛子孔位置相同的孔，然后把纸筒塞进笛身。这样一来，只要转动内部的纸筒，笛子孔就会被堵上，变成吹筒。还可以用乌鸦的羽毛制作一种很细的吹筒。

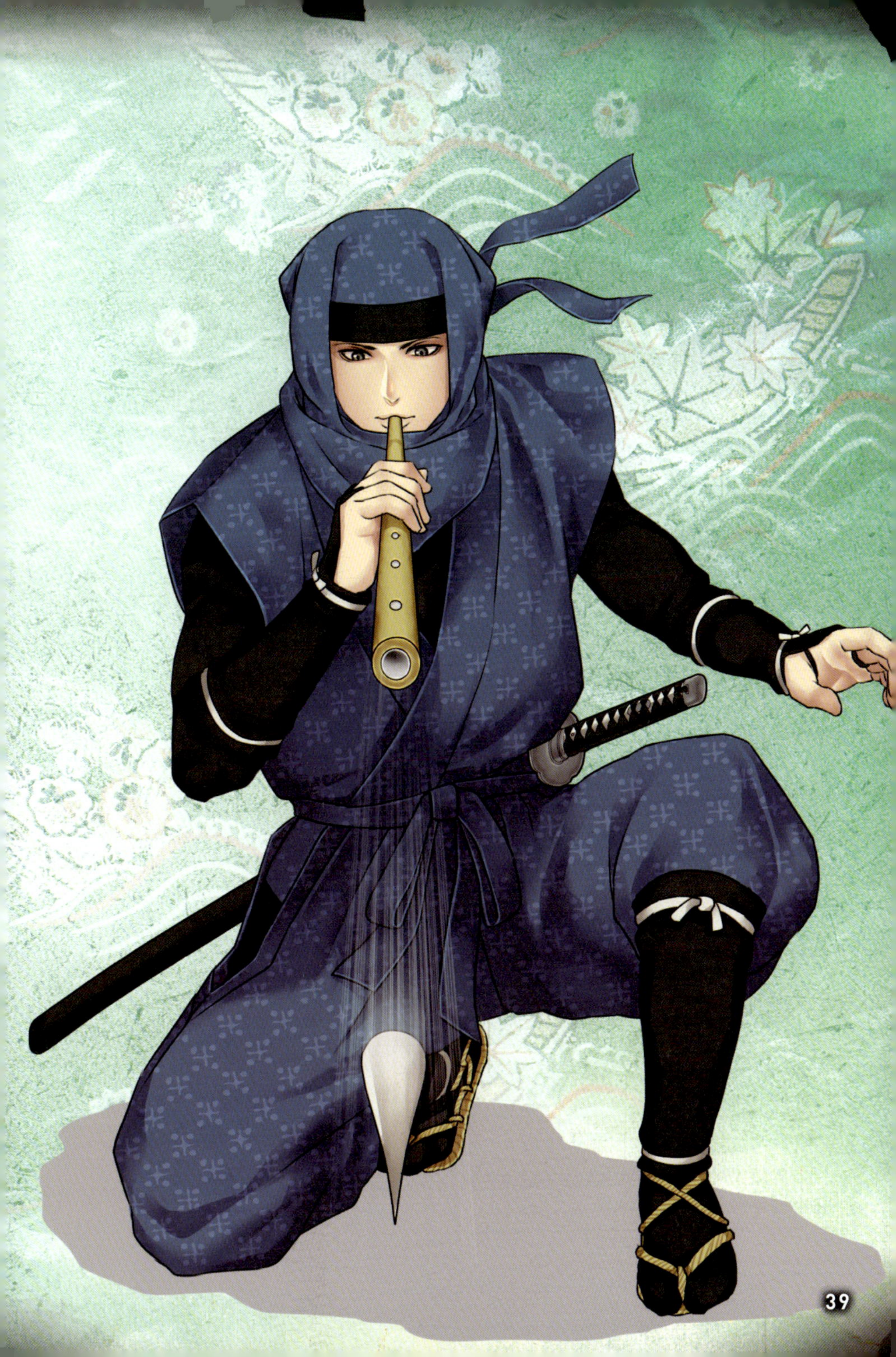

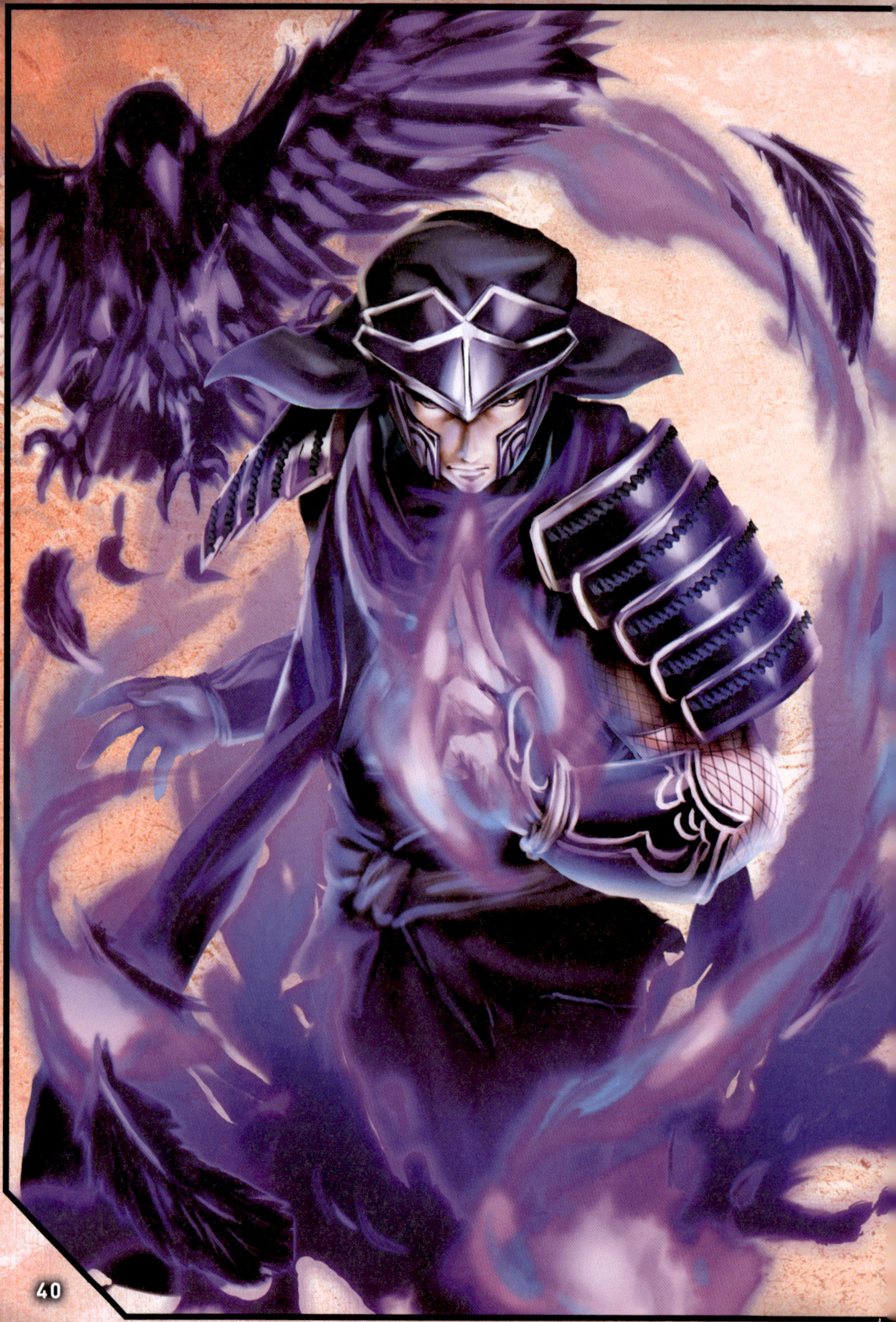

幻术

幻术能够迷惑敌人，使敌人出现幻觉。不过，忍者说穿了也是人，是没有魔法的。所以，传说中忍者使用的幻术，放到今天来说恐怕就是手彩戏法或原理比较复杂的大型魔术。实际上，忍者使用变装术扮成的"放下师"，他们的工作性质就相当于如今的杂技演员或近景魔术师。

果心居士就是一名以使用幻术而闻名的忍者。相传他曾经揭开武将丰臣秀吉的秘密，丰臣秀吉十分恼火，将他绑在柱子上，准备刺死他。没想到果心居士居然变成老鼠，挣脱绳索，并抓住一只老鹰的爪子飞走了，就此逃出生天。

同样有名的还有加藤段藏。传说他曾经在众人面前表演将一整头牛活活吞下的"吞牛术"，不料有个趴在树上的男人揭穿了幻术的秘密。愤怒的加藤段藏让身边的一株葫芦嫩芽迅速生长并开花，然后把花朵切断，与此同时，树上那个男人竟人头落地。

放下师

非情之心

忍者的内心准则 2

一旦接到主公的命令，无论发生任何事情都要完成任务。这就是忍者的使命。为此，忍者会竭尽全力，采取最妥善的正确行动，这就是所谓的"正心"。

但是，正心并不等同于绝对的正义。如果说正义是指锄强扶弱、言而有信，那么对忍者而言的正心则是"只要是为了主公，宁可助纣为虐、谎话连篇"。

对忍者来说，死亡总是如影随形。如果他们对自己的行为抱有疑虑，哪怕是一瞬间的判断失误，都可能会立刻落得身首异处的下场。因此，忍者绝不会对自己的行动产生疑虑。一旦投身到工作中，他们就会摒弃所有的怜悯和迟疑。若必须置人于死地，他们也会毫不留情地下手。

这就是"非情之心"。为此，有人说忍者的"忍"其实意味着残忍。

对如今的我们来说，理解忍者的内心恐怕是很难的，但是我们可以想象一下那些生活在弱肉强食法则下的野生动物，它们与忍者多少是有一些共通之处的。或许正是那种不是你死就是我亡的环境，才造就了忍者冷酷无情的内心世界。

2

分身术

江户时代，有一个名为无极量情流的门派，该门派的武术书中有关于"吟诵咒语就能由1个人分身为7个人"的内容。

有一种叫"神游观"的忍术，据说经过训练，就可以变出很多分身。

此外，还流传着一种八方分身术。这是一种催眠术，通过暗示，让人误以为眼前出现了很多分身。在实际的一对一作战中，像八方分身术这样，让对手产生被包围的错觉，想必是非常有利的。

可惜的是，这些分身术的具体施展方法并没有被记录下来，详细情况至今不为人知。因此，这类分身术常常被归为幻术。

关于分身术的3种解释

关于分身术的原理，除了八方分身术利用了催眠术之外，还有"残像说"和"影武者说"这两种解释。

残像说认为，忍者在快速移动和瞬间停止间反复切换，停止动作的那一瞬间会留下残像，看起来就像有很多人一样。

影武者说则认为，忍者会提前安排和自己长相相似的人一同行动。

45

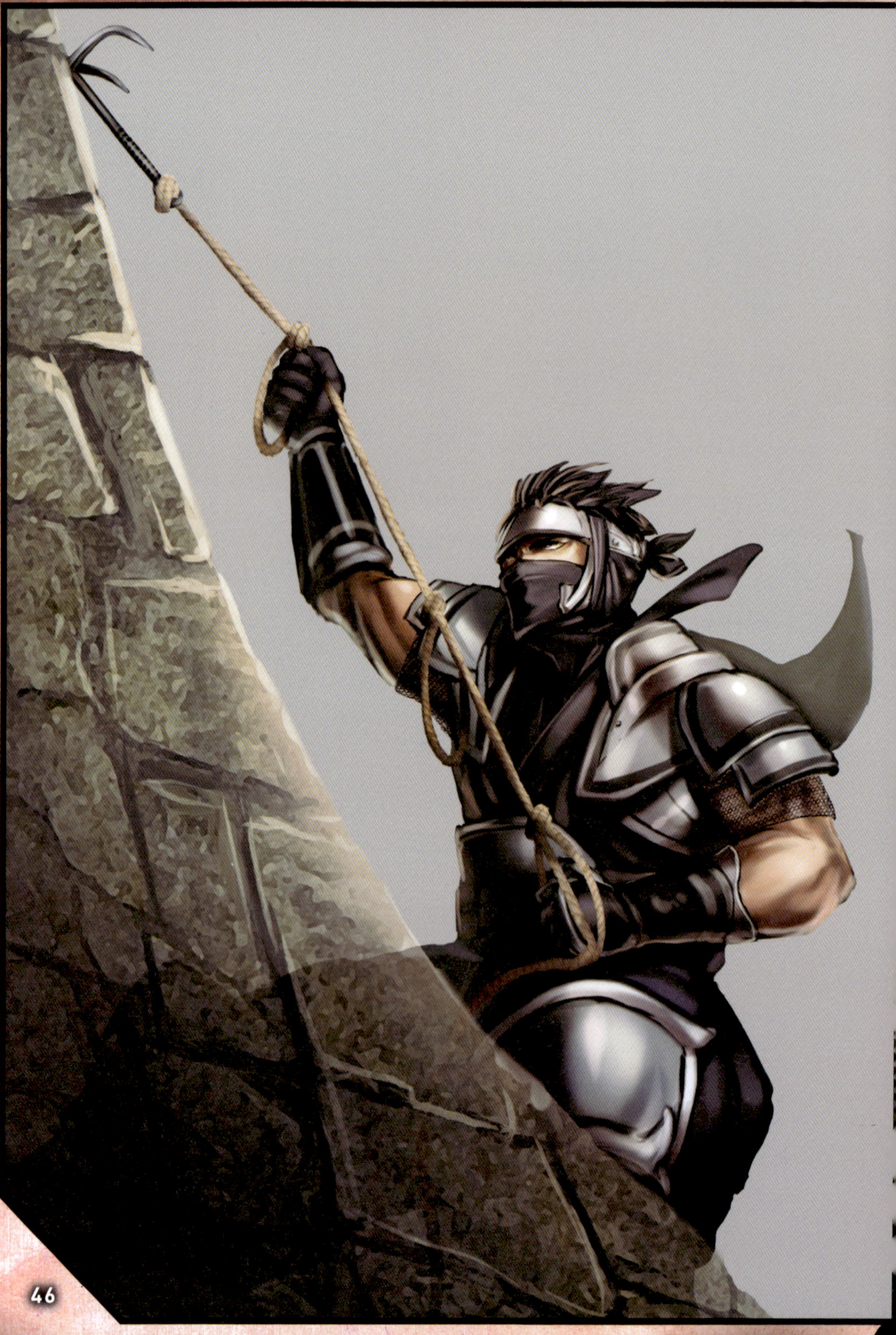

攀登术

对忍者而言，攀爬墙壁的技术是必不可少的。

虽说可以使用登器，但尽可能保持身体轻便，能够徒手攀登，对忍者来说是一种基本素养。为此，忍者会锻炼自己的手指。据说他们会刻意将体重保持在60千克以下，可以用一根手指来支撑自己的身体。

忍者平日往往以不起眼的农民形象示人，所以像镰刀这样的农民拿着也不奇怪的道具，经常被用来辅助攀登。此外，忍者经常使用自制的梯子。事先准备好的梯子被称为"真梯"，就地临时制作的梯子被称为"草梯"。

前文还提到使用刀剑攀登的钓刀之法。总而言之，不管使用任何道具，如何临机应变地使用，都是对忍者智慧的考验。

故意选择难以攀登的地方下手，是忍者常用的战术之一。因为难以攀登之处，警戒相对松懈，所以才有可趁之机。

使用梯子的攀登法

自制的草梯有时用完就会扔掉。这类梯子并不结实，攀登的时候需要一点诀窍。具体来说，就是双腿并拢，借助梯子弯曲晃动的力量，跳跃着向上攀登。

利用农具

将4把镰刀捆在一起，制成类似忍者钉耙的道具。

水术

阻挡忍者潜入的不仅有墙壁，城池周围的河流、水沟等，也是忍者必须跨越的障碍。

在很多关于忍者的想象图中，出现了忍者口含竹筒潜水的场景。可这样做，一旦被发现就会立刻陷入危险，况且用竹筒在水下呼吸也没那么轻松。相比之下，缩着脑袋一口气游过去反而更加安全。

关于游泳，有一种叫作"拔手泳"的方法，能够不发出声音、不激起波浪，安静地抵达对岸。

还有一种方法是用野兽的肠子制成能浮起来的口袋，斜挎在肩上游泳，被称为"浮襷"（"襷"是指斜挂在肩上的布条）。

不过，人入水后体温会下降，导致体力迅速流失。为此，忍者想出了不入水的方法，即使用水器。

最有代表性的水器是"水蜘蛛"。有人推测"水蜘蛛"是小船的替代品，可是小号"水蜘蛛"的直径只有66厘米，是否果真如此，仍然存在疑问。

不过，换个角度思考，水里可以游泳，泥塘里游不了。如果是在沼泽、湿地等区域步行前进，"水蜘蛛"或许是非常理想的道具。

把"水蜘蛛"当作游泳圈使用，使身体保持稳定。

浮襷
把能浮起来的口袋斜挎在肩上，安静地游泳。

水蜘蛛

如图所示，人们曾推测"水蜘蛛"是这样使用的。但除了"水蜘蛛"外，还有一种类似的道具叫作"沼浮沓"。根据最新的说法，忍者在沼泽地里行进时，使用的其实是沼浮沓。

狸 隐

狸隐是指藏身在枝繁叶茂的树上。狸子有爬到树上摘取果实吃的习性，这种隐形术因此而得名。

隐形术

忍者绝不能被敌人发现。在自己的踪迹即将暴露时隐遁身形的技术叫作"隐形术"。隐形时，不仅要隐藏自己的身形，还要像石头那样保持内心静止，连气息也要一并隐去。

隐形术中的"观音隐"，是指站在墙壁或树木的阴影中，用袖子遮住面部。这种状态下连眼睛都不能动。

"鹌鹑隐"是指蜷缩着蹲伏下去，假装石头。就算被攻击或被踩踏，也要保持不动。由于过去没有电灯，晚上很黑，这样做并没有那么容易被发现。

此外，忍者还会模仿动物的习性来隐藏身形，例如潜入水中用水草遮住面部的"狐隐"、爬到树上利用枝叶阴影藏身的"狸隐"等。

忍者总能聚精会神，潜入敌人意想不到的地方隐藏起来。

观音隐
站在墙壁或树木的阴影中，用袖子遮住面部，屏息。

鹌鹑隐
像鹌鹑一样蜷缩身体，不管遇到什么事情都不能发出声音。

狐隐
在水中屏息，用水草或藻类遮住面部。

变装术

在日常生活中，忍者的身份不能被他人得知。平时，他们会以普通人的身份生活，接到任务后会根据任务内容进行合理的变装。

前往别的城市收集情报时，身为外乡人，他们会变装为各种不容易引起怀疑的人。主要有7种人，被称为"七方出"，分别是商人、出家人、山伏、虚无僧、猿乐师、放下师和普通百姓。

当时，许多武家重臣和知识分子云集寺庙，举办各类活动，可以说寺庙是情报宝库。伪装成"七方出"，可以帮助忍者顺利进出寺庙而不引起注意。

此外，忍者还会假装病人，让敌人放松警惕。据说有些忍者甚至能够改变声音、体形乃至相貌，让熟人都认不出自己。

七方出

出家人（僧侣）

皈依佛门的僧侣。忍者变装为出家人后，会通过"托钵"（挨家挨户地乞讨生活必需品）这种方式来收集情报。

普通百姓

忍者会装作普通百姓，融入当地的市镇生活。

放下师

表演戏法、杂技的人。很容易令周围的人放松警惕。

虚无僧

普化宗（日本临济宗的一个派别）的僧人。往往头戴深草笠，因此变装为虚无僧的忍者可以用草笠遮挡面容。

明暗

猿乐师

能乐（日本古典乐剧）师的旧称。有时大名会邀请他们来表演，使之得以进入城中打探消息。

商人

能够在沿街叫卖时收集情报。很容易进出大户人家。

山伏

在山中修行的人。经常四处旅行。

53

忍者的内心准则 3

理解人心

　　以电光石火般的速度潜入敌营，一眨眼的工夫就能放倒敌人——忍者的行动总是这样迅捷。不过，他们也有需要踏踏实实地花大量时间才能完成的任务，例如深入敌营探听关乎制订战略的重要情报。但问题在于，越是重要的内容，人们越会守口如瓶。世代相传的忍术书《正忍记》中，就将眼睛看不见的"戒备心"比作"无门的关卡"。对忍者而言，首先要对付的就是这份戒备心，也就是要设法打开敌人心灵的大门。

　　要想与一个人的关系变得亲近，关键在于理解对方的内心、站在对方的立场上思考。这一点和我们平日与朋友相处的方式是相通的。忍者深知这一点，因此总是真诚地与人交往。所以，忍者其实能够无微不至地关怀他人，充满人情味。

　　更进一步说，忍者甚至能够操控他人的内心。他们以弱点和欲望为切入点，左右他人的情感。例如吹捧他人，使之掉以轻心，或者装惨来博取同情等。

　　不过别忘了，在这样温情的一面背后，忍者始终遵循"非情之心"。

3

女忍之术

女性忍者被称为"女忍"。一些男性不方便进入的场所，女忍可以轻易地潜入。她们往往会扮成女佣，进入目标宅邸，全方位地打探内部情况，并与同伴定期联络、传递情报。

当然，作为忍者，女忍同样拥有高超的忍术。她们不仅战斗力很强，逃跑时隐蔽行踪的水平也是一流的。

步巫女

战国武将武田信玄经常使用女忍。据说他会利用那些在各地巡游、为他人祈祷的女性来收集情报，她们被称为步巫女。

隐身蓑之术

隐身蓑之术是女忍经常使用的忍术。已经潜入目标宅邸的女忍，会找借口外出，去取自己的行李，这些行李中往往藏着其他忍者。这样一来，这些藏起来的忍者也能混入目标宅邸。由于女性的行李很少会被严格检查，使得这种潜入手段很容易就能实现。

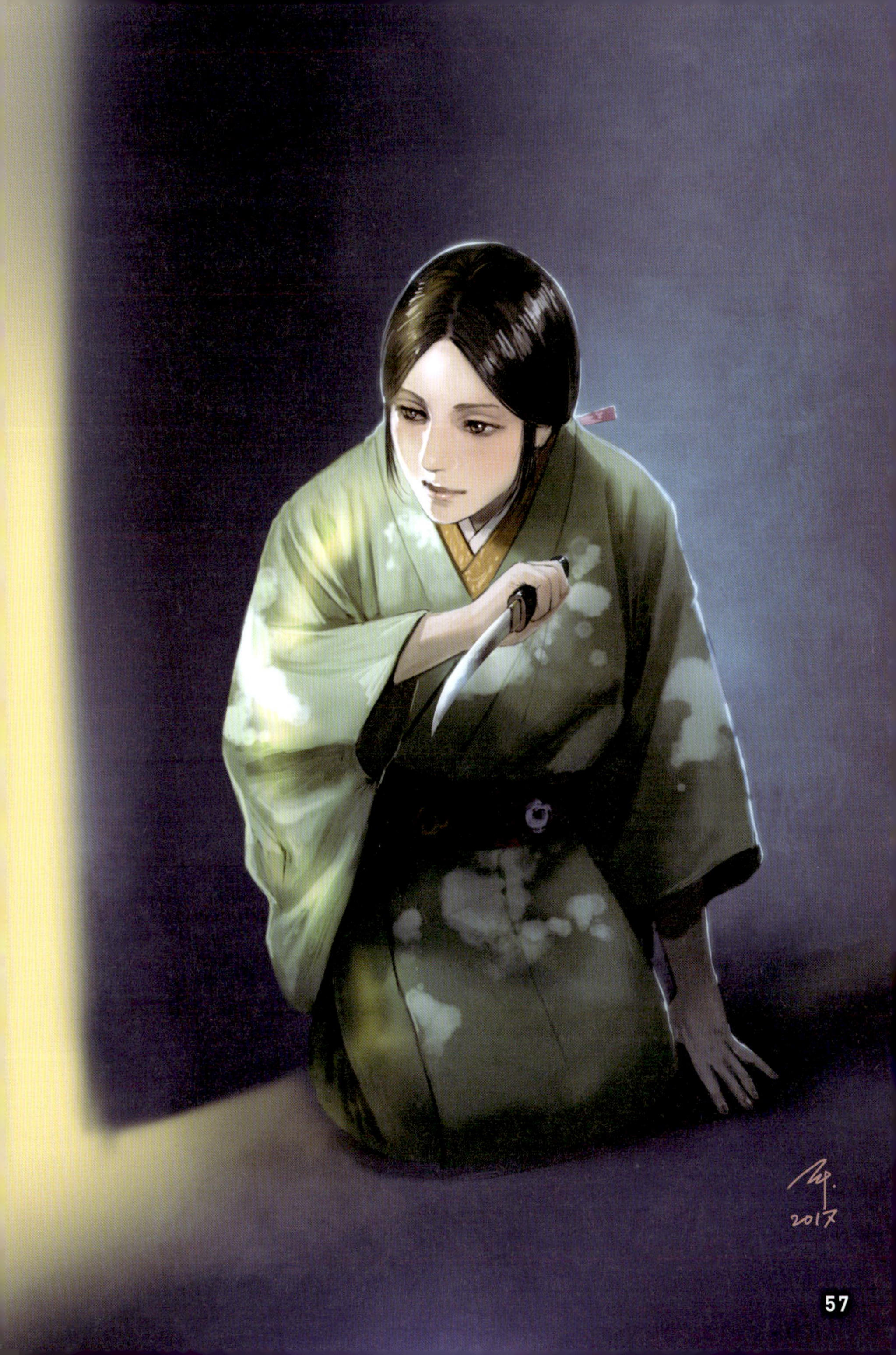

火遁

制造烟幕逃走。
也叫作"烟遁"。

遁走术

忍者不仅要获取情报，还必须安全地返回，把情报传达给主公。因此，忍者不能被敌人抓到。就算被抓了，也要保证不暴露身份，并且能顺利逃脱。

为此，忍者会使用遁走术。遁走术包括利用下雨、打雷等自然现象的"天遁十法"，能够制造混乱的"人遁十法"，使用火焰、木头、武器等的"地遁十法"等，总计30种。

遁走术用另一种方式可以划分为"五遁"，即木遁、火遁、土遁、金遁、水遁。

土遁

挖掘土坑藏身，或躲藏到天然的洞穴、洼地中。还可以投掷沙石来遮挡敌人的视野。

火遁

使用火药、火焰制造混乱，趁机逃脱。有时放火，有时释放烟雾。

木遁

躲在岩石、木材堆的阴影中逃脱。趁敌人不备，推倒岩石、木材堆，也能争取逃脱的时间。

菱角可以当作天然的撒菱来用。

金遁

使用撒菱、手里剑等金属制武器帮助逃脱。其中，投掷撒菱逃脱有"撒菱退敌"这个专门的称谓。

水遁

潜入水中隐藏身形，从而逃脱。把大石头扔进水中，制造出巨大的水声掩护逃脱，也被称为"水遁"。

见敌术

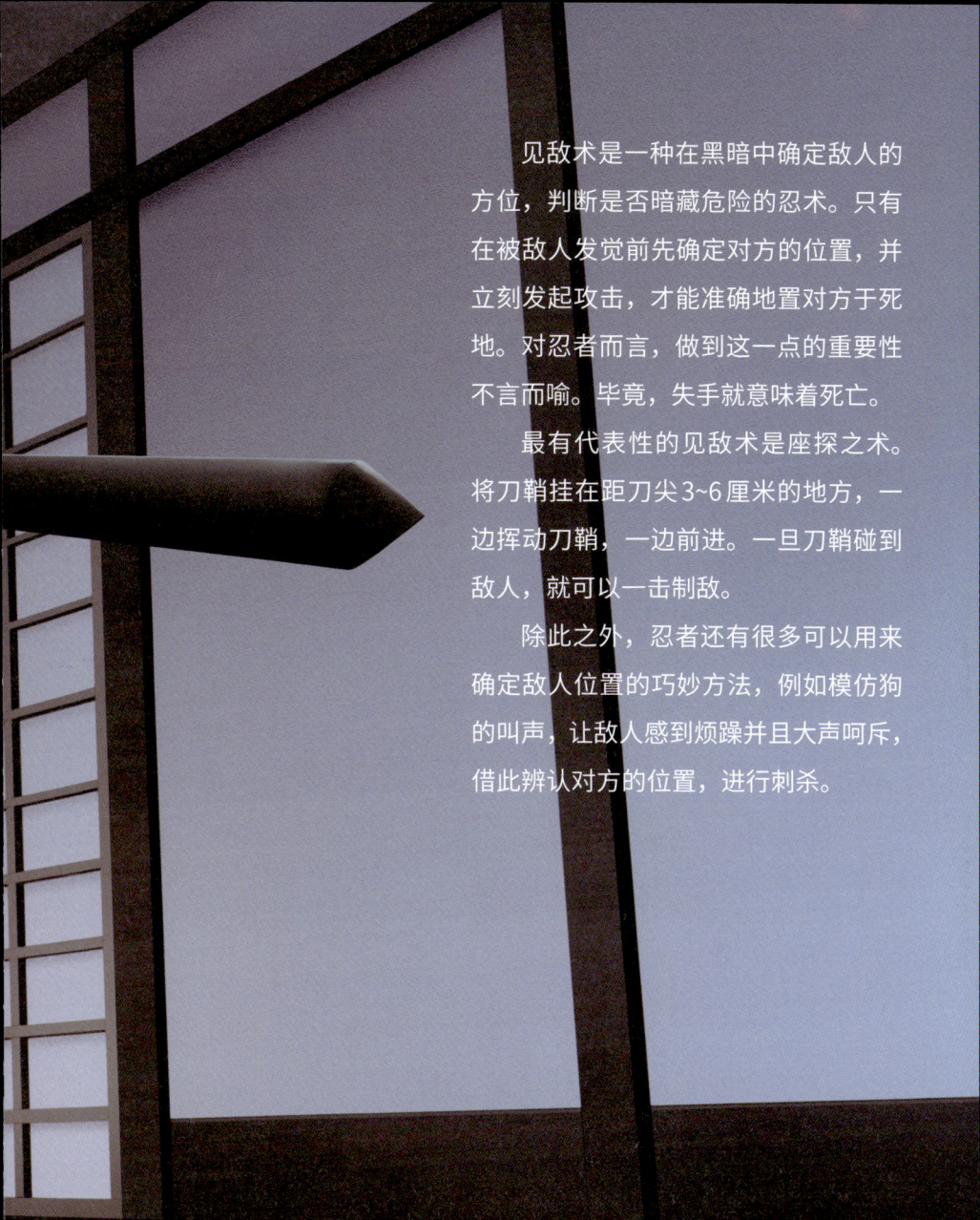

见敌术是一种在黑暗中确定敌人的方位,判断是否暗藏危险的忍术。只有在被敌人发觉前先确定对方的位置,并立刻发起攻击,才能准确地置对方于死地。对忍者而言,做到这一点的重要性不言而喻。毕竟,失手就意味着死亡。

最有代表性的见敌术是座探之术。将刀鞘挂在距刀尖3~6厘米的地方,一边挥动刀鞘,一边前进。一旦刀鞘碰到敌人,就可以一击制敌。

除此之外,忍者还有很多可以用来确定敌人位置的巧妙方法,例如模仿狗的叫声,让敌人感到烦躁并且大声呵斥,借此辨认对方的位置,进行刺杀。

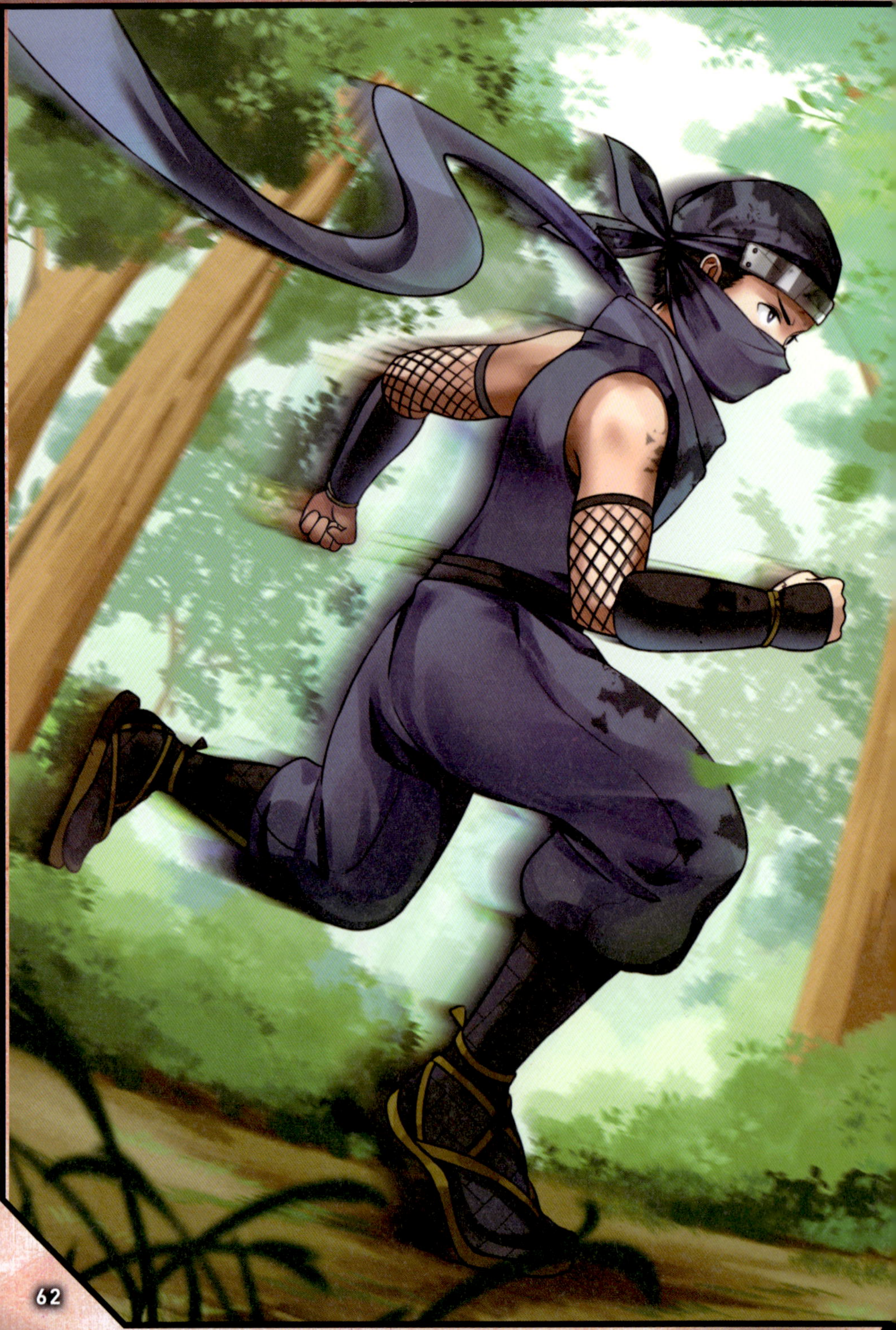

跑法

难波走

为了节省体力，忍者会使用一种叫"难波走"的跑法。平时我们跑步的时候，腰部会左右晃动，迈出右脚时，右侧腰会跟着往前挪动；迈出左脚的时候，左侧腰会往前挪动。这种方法被称为"单轴跑法"。

为了能让获得的情报尽早传递出去，或者能切实摆脱敌人的追捕，忍者不管是在路况不佳的山道上，还是身背沉重的刀剑，都必须全速奔跑。令人惊讶的是，据说忍者1小时能跑16千米，最多可以不间断地跑10小时。

为此，忍者每天都要进行呼吸方法和跑步方面的训练。

但是，忍者使用的难波走跑法，腰部基本上是保持不动的。并且纵向移动也很少，跑起来就如同滑行一样。这种方法被称为"双轴跑法"。

犬走

双手双脚着地，趴在地上奔跑。在狭窄的地方也能快速移动。

狐走

在保持犬走姿势的基础上抬高腰部，使用指尖和脚尖奔跑。跑动时不会发出声音。

韦驮天

传说有个侍奉战国武将丰臣秀吉的忍者别名"韦驮天"[1]，一天能跑大约200千米。相比之下，在日本大学生每年举办的箱根驿传（长跑接力赛）中，10名选手在2天内通过接力的方式跑完220千米，要花大约11小时。由此可见，韦驮天的脚力是如何了得。

1 本意是佛教的天神，在日语中用来形容一个人跑得很快，相当于"飞毛腿"。——译者注

步法

忍者潜入时绝不能发出声音。在很多宅邸的走廊上，设置着一种名为"莺张"的机关，只要踩上去就会发出声响。但是，忍者走在上面依然不会发出声音。

走路时最安静的一种步法名为"深草兔步"，即双脚踩在手背上行走。这样做是因为掌心相对来说感觉更加敏锐，能够更好地调整力度。

忍术书《正忍记》中介绍了被称为"步法十条"的10种行走步法。其中，"蹑足"指"忍足"。用这种步法行走时，要像踩在薄薄的蛋壳上一样轻轻抬脚，再按从小指到拇指的顺序轻轻将脚趾放到地面上。

另外，地面上堆积着落叶时，有一种踩上去也不容易发出声音的步法名为"浮足"。用这种步法走路，需要蜷起脚趾，对注意力和肌肉力量的要求很高。

步法十条

- 蹑足　蹑手蹑脚，放轻脚步行走。
- 掠足　双脚如同掠过地面一样行走。用这种步法不容易踩到撒菱。
- 收足　夹紧大腿内侧行走。
- 飞足　如同打在水面上的石片一样行走。
- 片足　单脚跳跃行走。
- 大足　大跨步行走。
- 小足　小跨步行走。
- 碎足　碎步行走。
- 走足　快步走。
- 常足　指忍者平时的走路方式。行走时纵向移动很少。

深草兔步

双脚踩在手背上行走。这是最不容易发出声音的步法。

垫足

按从小指到拇指的顺序轻轻将脚趾放到地面上。

蹑足

像踩在薄薄的蛋壳上一样轻轻抬脚。

使用蹑足和垫足配合行走,就是"忍足"。

忍者奇闻 1

用于集中精神的 印和咒语

面对游走在生死边缘的严苛任务，稳定精神状态是非常重要的。因此，忍者会通过结印、吟唱咒语等方式来绷紧自己的神经，提升专注度。

最有代表性的是"九字护身法"，即吟唱"临、兵、斗、者、皆、阵、列、在、前"这九个字，并用手指摆出对应的"印"的手势。忍者相信，依附在这九个字中的力量会保护他们。

临 — 独钴印
双手手指向内交错，竖起两只食指。这个印意味着"护身"。

兵 — 大金刚轮印
伸直食指，中指扣在食指上。这个印意味着"消灭罪恶"。

斗 — 外狮子印
双手中指绕过相互交叉的食指向内扣，伸直无名指和小指。这个印意味着"辟邪"。

者
内狮子印
双手中指绕过相互交叉的无名指向内扣，伸直食指与小指，各自相合。这个印意味着"击退邪恶"。

皆
外缚印
双手手指向外交错，紧紧握住。这是一种"不动金缚法"（一种使敌人动弹不得的法术）。

阵
内缚印
双手手指向内交错，紧紧握住。是与外缚印成对的"不动金缚法"。

列
智拳印
用右手食指触碰竖起的左手食指，然后用右手剩余的三根手指紧紧握住左手食指。这是"大日如来"（智慧的象征）的结印。

在
日轮印
张开双手，令左右大拇指与食指各自相合。这个印象征着太阳，代表"两部神道[1]的世界"（宇宙中的一切）。

前
隐形印
左手轻轻握拳，缓缓地置于右手掌心。这个印意味着"隐去身形"。

---

[1] 真言宗倡导的神佛合一的神道说。——译者注

潜入术

"忍者回头"

穴蜘蛛地蜘蛛

从"忍者回头"下方挖掘,潜入屋内。

忍者因任务需要，经常潜入武士的宅邸。

从上方潜入时，忍者会掀开瓦片或房梁上的木板，顺着屋顶与天花板的夹层进去（被称为"破天盖"）。如果要下落到房间里，他们会在屋顶最粗的房梁上系上绳索，拆开天花板上的木板（被称为"下蜘蛛"）滑下去。

从下方潜入时，忍者会使用一种名为"穴蜘蛛地蜘蛛"的挖掘技术。一般武士宅邸的地板下方有叫作"忍者回头"的墙壁，忍者会从"忍者回头"下方挖掘，潜入屋内。

忍者使用的主要挖掘工具是农具。只要忍者扮成农民的样子，就不容易引起怀疑。

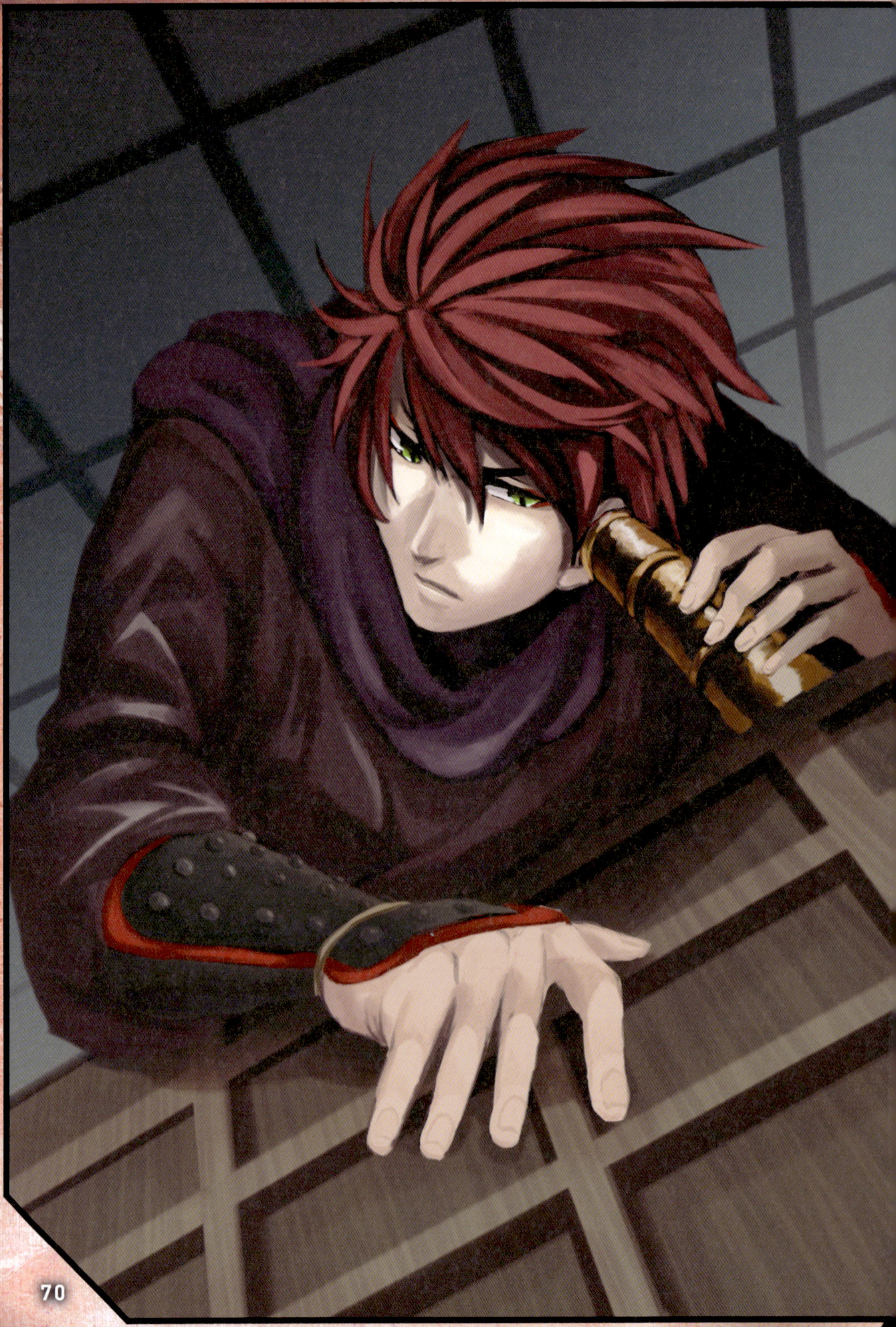

窃听术

没有人会把重要情报一遍又一遍地说出口，所以对忍者而言，不管多小的声音，都要确保一次就能听清楚。

为此，忍者平日会进行名为"小音听"的修行，来提升自己的听力。

实际执行潜入任务时，躲在地板下方或天花板上的忍者，为了更清楚地听到屋内的对话，会使用一种名为"忍筒"（忍竹）的竹筒。

忍筒还能消除自己的声音。例如，被什么东西呛得忍不住要咳出声音时，可以把忍筒按在地面上，对着竹筒内部咳嗽，这样声音就不会传出去。

除此之外，忍者还会使用听筒，这是一种金属制成的可以伸缩的筒形道具。

全长：35~158 毫米
直径：60~70 毫米

听筒

也可以当作扩音器来使用。

消臭术

身为忍者，要是因为体味重或口臭而被敌人发现，那就太不像话了。因此，他们不仅会仔细清洗衣物，还经常清洁身体。忍者还会使用草药来防止口臭。总之，他们始终把消除异味这件事放在心上。在不执行任务的时候，忍者经常熏香。据说他们尤其喜欢使用一种具有驱虫效果的辟邪香。熏香不仅能消除异味，还能培养注意力、使嗅觉更加敏锐。

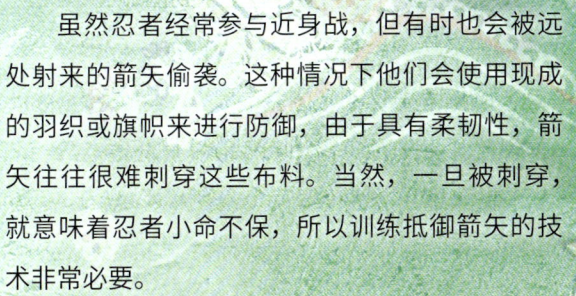

虽然忍者经常参与近身战，但有时也会被远处射来的箭矢偷袭。这种情况下他们会使用现成的羽织或旗帜来进行防御，由于具有柔韧性，箭矢往往很难刺穿这些布料。当然，一旦被刺穿，就意味着忍者小命不保，所以训练抵御箭矢的技术非常必要。

止矢术

用害之术

忍者住的地方设置了各种各样能击退入侵者的机关，打造成一种"攻击型防范住宅"。

当入侵的敌人碰到四处拉设的绳索，被压弯的竹子就会弹出来，狠狠地击打敌人的小腿（这被称为"扫胫"）。开门时，上方会有东西砸下来（这被称为"钓押"）或有巨大的竹子迎面击来（这被称为"大竹篦"）。这些机关就叫作"用害之术"。

传达术 1

忍者生活在没有电话的时代，为了传递信号或重要情报，他们会使用传达术。"狼烟"就是其中的一种，即用燃烧产生的烟来提醒远处的同伴。一般会在上面立一个竹筒，让烟笔直上升。天气越好，这股烟就越容易被远处的同伴看到。

传达术 2

忍者获得的情报,必须准确且安全地传递给同伴,这就需要借助一种敌人不知道、只有同伴能明白的方法。没错,忍者会用暗号来传递情报。

秘文字

忍者会使用特定的"秘文字"传递情报。不同忍者集团使用的秘文字各不相同。

下面是《万川集海》中记载的秘文字。每个字看起来都像汉字,但很多并不是汉字。这是一种按特定规则组合的文字。

紫	黑	白	赤	黄	青	色	
樤ゑ	樏あ	柏や	栜ら	横よ	楕ち	柁い	木
燨ひ	爂さ	炟ま	烁む	熿た	婧り	炮ろ	火
壔も	壖き	坢け	垗う	墥れ	埥ぬ	垇は	土
鑻せ	鏢ゆ	铂ふ	铄め	镤そ	锖る	铯に	钅
漈す	瀙め	泊こ	洂の	潢つ	清を	泡ほ	氵
僳ん	傿み	伯え	侎お	僙ね	倩わ	佨へ	亻
	鱪し	鮊て	魥く	鱚な	鯖か	鮑と	身

※ 注:表中红色的字是按照《伊吕波歌》的顺序排列的日语平假名。

火烤现字

用浸水的大豆研磨成的汁或浊酒在纸上写字,晾干后文字会消失不见,用火烤才会重新出现。

※ 图为日语中"忍"字的写法。

五色米

米可以说是当时最常见的东西。忍者把米染成红、蓝、黄、黑、紫五种颜色,当作暗号使用。

他们会把米撒在地上,用来指示自己的行踪或可以饮水休息的地点。由于这些米染了色,鸟类会非常警觉,不敢吃掉。

结绳

用手边现成的绳子来传递情报也是忍者的拿手好戏。乍看没有任何意义的绳结,其实代表着相应的文字。将这些绳结看似随意地扔在地上、挂在屋檐下,就能起到传递情报的作用。

左边这两种绳结分别读作"ク"(KU)"ラ"(RA),合起来就是日语中"仓库"(KURA)的意思。

人心术

　　喜、怒、哀、乐、爱、憎、欲，这7种人类的情感相互组合，构成不同的性格。这些情感本身也会成为人的弱点。忍者很擅长巧妙地利用这些情感来操纵他人。比如煽动敌人，激发斗争心理；引诱敌人，动摇敌人的内心等。

　　另外，个人的食欲、情欲、对名利的追求，甚至兴趣也常被利用，例如暗示对方能提供他想要的东西，使其背叛。

记忆术

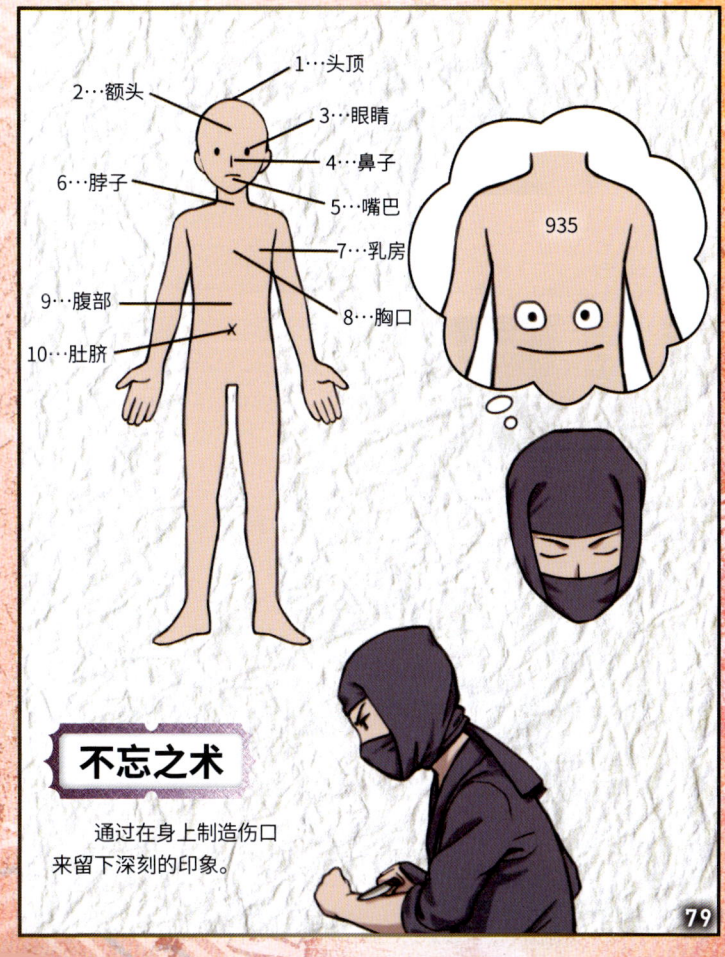

对于获取的情报，忍者必须长时间准确地记住。毕竟在黑暗中无法用文字记录，本身也不能留下证据。所以，忍者会使用联想记忆法，将情报与特定的事物联系起来，帮助记忆。

以记忆数字为例，如图所示，忍者会把数字与身体部位对应起来记忆，例如1对应头顶、2对应额头、3对应眼睛等。在记忆"有935名敌方士兵来袭"时，因为9对应腹部，3对应眼睛，5对应嘴巴，忍者会将这一情报转化为"腹部长着眼睛和嘴巴"的图像来记忆。

另外，对于那些非记住不可的事情，忍者会使用一种在身上制造伤口来帮助记忆的"不忘之术"。这种记忆术源于人们对疼痛和恐惧总是会留下更加深刻的印象，因而每次看到伤口就能记起相关的内容。

1…头顶
2…额头
3…眼睛
4…鼻子
5…嘴巴
6…脖子
7…乳房
8…胸口
9…腹部
10…肚脐

935

不忘之术

通过在身上制造伤口来留下深刻的印象。

忍者的野外求生术 ①

为了顺利完成任务，忍者不管身处任何场所、面对任何场面，都要有强大的适应能力。

找出通往村庄的道路

即使身处没有导航的时代，忍者来到陌生的地方，也能迅速分辨出通往村庄的道路，并估测出大致的距离。如果一条路有被反复踩踏的痕迹、留下了很多牛马的粪便或被砍掉的杂草、树木变多的话，就可以推测离村庄不远了。

不迷路的诀窍

在山中行进的时候，忍者会留心避免在同一个地方打转。为此，他们会刻意记住沿途那些巨大的树木、岩石或从树林间望去的远方景色。此外，他们在行进时还会通过折断树枝、给杂草打结或在树干上留下痕迹等方式做标记。

雪山中的注意事项

在雪山中，最需要注意的就是失足及雪崩。忍者会将很长的树枝插进雪里来试探下面是否有路可走，并尽量沿着山脊前行。这是因为山脊处不容易发生雪崩，而且视野更加开阔。忍者还会将铜制的筒子当暖手炉用，保持体温。

通过试毒获得经验

平时尽可能地试吃各种各样的东西，记住它们的味道，对野外求生是有帮助的。忍者长时间待在山里时，就必须弄清楚哪些东西是可以吃的。

另外，如果连毒药都事先尝过，就能分辨出混入食物中的毒药。通过舌头来判断食物是否有毒，也是忍者必须掌握的求生技巧。

咀嚼　咀嚼

插图来源：SAKAKI

忍者的野外求生术 ②

根据天气制订作战计划

对忍者来说，天气是非常重要的。例如雨天可以隐藏声音或气味，很适合潜入行动，却不适合使用火术。

忍者掌握很多"观天望气"的技巧，例如烛火冒黑烟意味着要下雨，月亮或夕阳周围出现光晕也是要下雨的标志。

通过星空知晓时刻

即使在晚上，忍者也能通过星空得知当前的时间。星空自东向西每24小时旋转一圈，计算下来就是1小时移动15度。因此，只要记住一年中某个星座的移动轨迹，就能知道对应的时间。

制作方位磁石

夜晚，忍者基本靠北极星来判断方向。这是因为北极星始终位于正北方。

但是，有时看不见星星，忍者就会用自制的方位磁石判断方向。方位磁石的原理是：高温加热的针冷却后具有磁性，将其放到浮在水面的叶子上，就能指示南北方向。

铁的内部有非常多混乱排列的原磁体。将铁针加热再冷却，基于地球磁力的影响，针内部的原磁体会重新排列整齐，产生磁性，使得针本身也变成磁石。

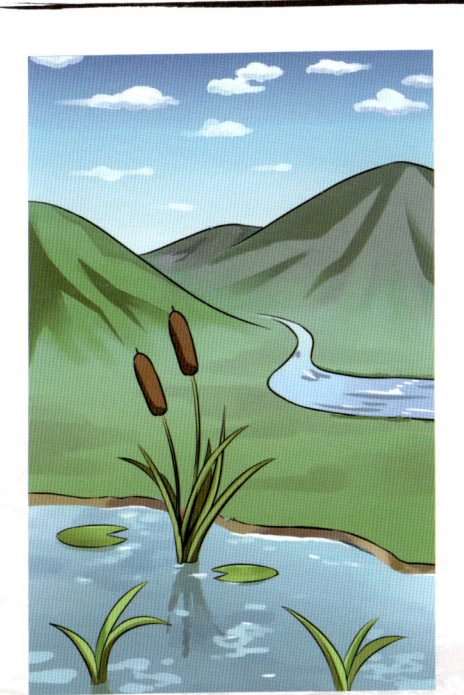

探知水源

河流、池塘不仅能提供充足的饮用水，在进攻和防守方面也是非常重要的战略点。忍者能够根据山的形状找到水源。一般来说，幽深的峡谷中往往有河流经过。

此外，还可以通过辨认喜湿的植物来寻找水源。

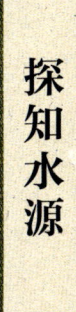

忍者的修行与锻炼

关于忍者修行，最重要的是不能仅仅在武术层面锻炼身体，还要时刻保持不动之心，进行身心合一的修行。通过日积月累的修行，忍者不但要提升忍术、增强体力，还要培养忍耐力。

对于修行，忍者总是全力以赴。只有使出全力，才能知道自己的极限在哪里。

自己能够从多高的地方跳下去？能够跨越多高的障碍？能够跳多远的距离？只有经历严苛的锻炼，才能找到答案。如此一来，在实际执行任务时，如果被迫面对困难的选择，就能判断自己能否做到。

对忍者来说，一切日常生活都是在为执行任务做准备。做好万全的准备，了解自己的能力，才能保持不动之心，更好地完成任务。

举例来说，相传伊贺忍者每天上午勤于农耕事务，下午到傍晚则会进行武术（忍术）方面的训练，每日如此。

人们一般认为忍者修行要从小开始。如果想成为忍者，从孩提时代起就必须进行严格的训练。

插图来源：村咲

忍者的修行与锻炼 ②

身体训练

锻炼敏锐的感官，塑造强健的身体，掌握迅捷的运动能力，消除行动时的声响。这些就是忍者身体训练的主要内容。

明眼之法

指对视力的训练。具体做法是在黑暗中点燃蜡烛，盯着烛芯，保持睁眼状态，直到无法坚持为止。

小音听

指对听力的训练。具体做法是把针抛在木板上，通过声音数出数量。这种训练能让人将注意力全部集中到耳朵上。

金刚行

这种训练的目的是塑造无论在何种状态下都能坚持战斗的肉体。做法是用铁棒击打全身，提升抗击打能力，防备突然袭击（被称为"固骨"）。

在容器中装满细沙或碎石，用手指使劲插入其中来锻炼手指的强度（被称为"虎爪"）。

忍者还会通过只用拇指和食指提起一袋米（约60千克）的方式进行锻炼。

飞神行

这是使身体变得更加轻盈的训练方法。练习以不弯曲膝盖的方式从一个小洞中向上跳跃，洞的深度会随着适应程度而不断增加（被称为"天狗升"）。

忍者还会种植麻、向日葵等生长速度很快的植物，练习从上方飞跃而过（被称为"天狗飞切"）。

顺着斜立的木板全力向上奔跑也是一种方法。木板的倾斜度会随着训练程度加深而越来越陡（被称为"缩地"）。

神足法

忍者会在装了水的木桶边缘练习灵活行走，适应后会逐渐减少桶中的水量（被称为"轻身"）。他们还会踩在横放的木桶上，一边移动一边用脚滚木桶来进行训练。

指在身后挂一条很长的布，竭尽全力向前跑，使布飘在空中而不接触地面。或者在胸前贴一张纸，保证跑动时不会掉落（被称为"忍走"）。

在冰面上前后翻滚或在沾湿的纸上行走并保证纸不会损坏，也是训练内容之一（被称为"忍步"）。

※ 擅自模仿以上行为会有受伤的风险。

忍者的修行与锻炼 ③

心灵训练

心灵训练包含3个方面的内容：呼吸法、气势以及兵法护身。

呼吸法

包括提高耐久力的"二重气息"，以及消除呼吸音、保持情绪稳定的"息长"。

二重气息

按照"吸、吐、吐、吸、吐、吸、吸、吐"的顺序呼吸，中途短暂地进行两次吸气和呼气。当忍者在起伏较大的地面上奔跑时，这种呼吸法可以根据奔跑速度调整节奏，是一种非常合理的方法。

息长

短促地深吸一口气，吐出时尽可能保持气息细长。忍者会在鼻尖贴一张纸条，训练自己吐气时不让纸条掉落。

运动后使用息长法，可以尽快平稳呼吸，消除呼吸声。

相关实验结果表明，熟练使用息长法，可以在放松身心的同时，极大地提升感官的敏锐程度。

气势

气势锻炼是指通过发出很大的声音（比如吼叫）来提升肌肉力量。

它的原理是：大喊"哎、呀、喝、哈"时，原本吸进体内的空气一口气释放出去，会从膈开始，牵动肩部、胸部、腹部、背部的肌肉一起运动。

另外，气势锻炼能帮助忍者克服"忍者三病"，即恐惧、耻辱和过虑。

阴与阳的气势

忍者通过精神方面的修行，可以在不发出声音的情况下，通过气势锻炼来提升肌肉力量。也就是说，他们可以控制自己的精神，增强气势。

兵法护身

这是一种借助神佛的力量来消除不安的方法。

通过结印集中精神的方法，也是兵法护身的一种。

印与咒语

必须孤军奋战的忍者，借向神佛祈祷来获得精神动力，帮助自己提升信心、增强勇气。他们一边喊出"临、兵、斗、者、皆、阵、列、在、前"这九个字，一边用手结印，以此作为集中精神的训练。

忍者奇闻 2

忍者真厉害！超人般的身体能力

能从很高的地方跳下去！

垂直跳高2.73米，立定跳远5.46米！

藤田西湖所著的《忍术秘录》中记载，忍者垂直跳跃的高度能达到9尺（约2.73米），超过了现在的跳高世界纪录。

书中还记载忍者立定跳远能跳5.36米。不过当时的测量工具和现在的有很大区别，有可能是作者夸大其词，但这已经足以说明忍者拥有惊人的弹跳能力。有人说，为了维持轻盈的体态，忍者会将体重刻意控制在60千克以下。

《忍术秘录》中还记载，忍者可以从很高的地方跳下去。这可能也得益于他们对体重的控制。

此外，为了减缓落地时的冲击力，忍者会像猫一样四肢着地。当然，要做到这一点，必须瞬间做出判断，选择柔软的地面落地。

潜水10分钟！

忍者会训练长时间潜水的能力。根据记载，他们可以把头浸在水中长达10分钟之久。目前在水中屏住呼吸时长的世界纪录是11分35秒，由此看来，忍者在这方面的能力相当强。

第3章
黑暗中的激斗

伊贺忍者与甲贺忍者齐名，都是极具代表性的忍者集团。当时，伊贺（今三重县）地区与都城京都距离较近，但四周群山环绕，情报很难传递出去。同时，山中是忍者锻炼身心的绝佳场所。随着伊贺忍者将祖先传下来的战术加以发展，一个掌握着高等忍术、在黑暗中活跃的忍者军团就此诞生。

伊贺忍者在日本战国时代初期的应仁之乱中就已崭露头角。当时，幕府势力分裂为东西两个阵营，在双方战乱不休的11年间，伊贺忍者作为双方的雇佣兵大显身手。

伊贺忍者 [其一]

名门忍者 令人战栗的军团

▽ 主要的活动据点

伊贺（今三重县）

▽ 主要侍奉的武将

藤堂高虎、德川家康

▽ 擅长的忍术

全部，尤其是收集情报

伊贺忍者展现出压倒性的实力，是在第一次天正伊贺之乱中。当时织田信长正在推进天下统一，他的次子织田信雄向伊贺发起了进攻。

　　织田信雄试图占据伊贺，在南伊贺地区修筑了丸山城。为了抗争，伊贺忍者在丸山城中放火。

　　织田信雄震怒不已，率8000名士兵前去讨伐，却遭到伊贺忍者的有力回击。

伊贺忍者 其二

壮烈的伊贺之乱

尽管伊贺忍者之名就此传扬世间，但这一事件成了悲剧的开端。

颜面尽失的织田信长派遣2万（一说4万）大军进入伊贺。当时伊贺的人口算上女人和孩子也不过10万。纵然精锐的忍者能征善战，但终究败下阵来。

逃窜的忍者就此分散在全国各地，成为各个地区武将麾下的忍者。

甲贺境内有金山，为了开采金矿，经常用到火药。或许正因如此，甲贺忍者很擅长使用火术。他们用狼烟传递消息，放起火来总是神出鬼没的，凭借极快的速度与高超的技巧震慑敌人。

此外，甲贺忍者在用毒方面也很精通。他们会饲养毒蛇、毒虫，当作武器使用。

甲贺忍者 其一

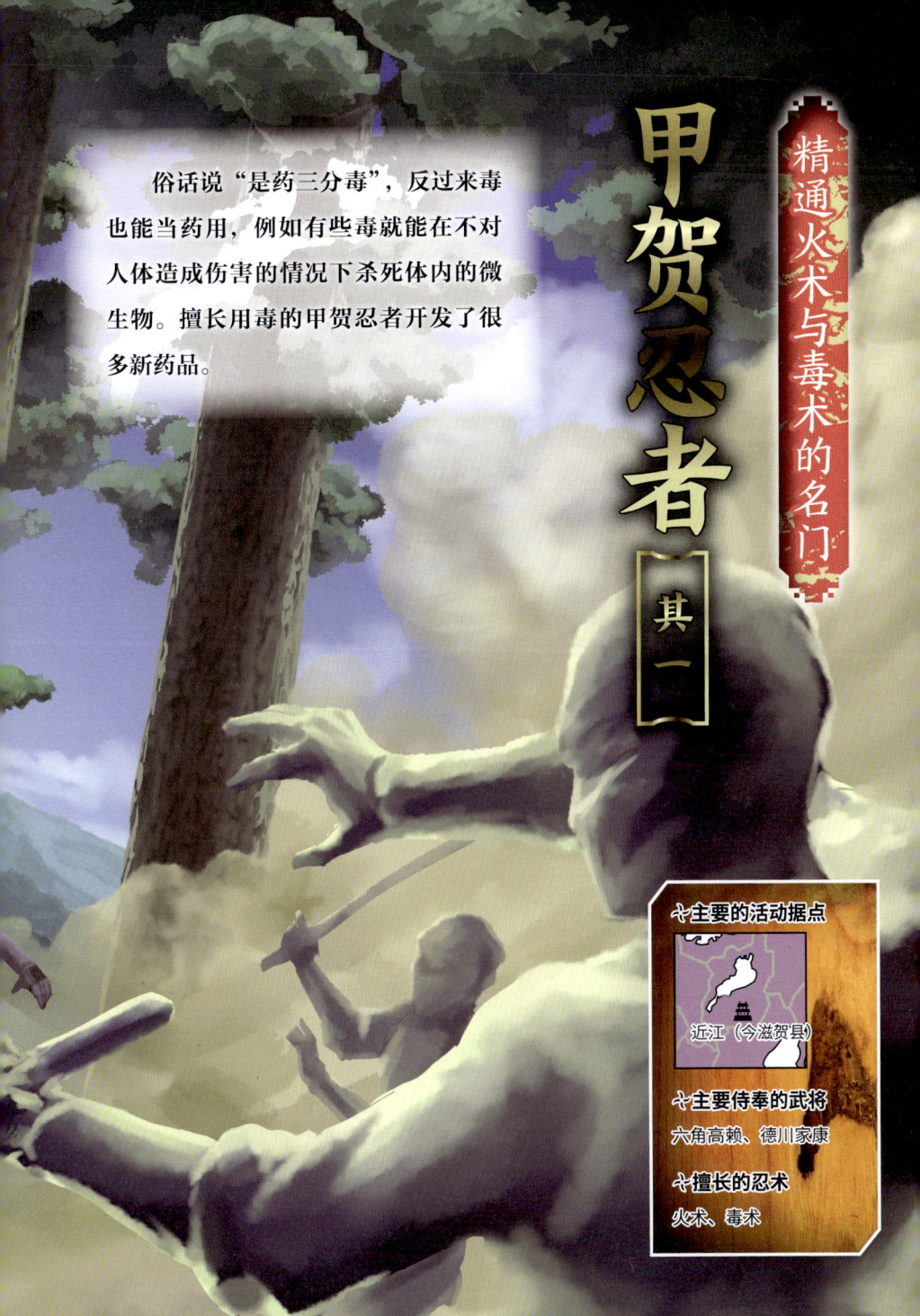

精通火术与毒术的名门

俗话说"是药三分毒",反过来毒也能当药用,例如有些毒就能在不对人体造成伤害的情况下杀死体内的微生物。擅长用毒的甲贺忍者开发了很多新药品。

❧ 主要的活动据点

近江（今滋贺县）

❧ 主要侍奉的武将
六角高赖、德川家康

❧ 擅长的忍术
火术、毒术

甲贺忍者在钩之阵战争中的出众表现令他们声名鹊起。这是由室町幕府第9代将军足利义尚发起，攻打趁应仁之乱扩大领地的六角氏的战争。甲贺忍者受雇于六角氏。

尽管此战甲贺忍者是与势力强大的幕府为敌，但他们毫不退缩，展现出令人惊异的本领。他们把幕府军队引入山中，时而诱骗至山顶，时而诱骗至山谷，并在对方筋疲力尽地返回营地时发起夜袭。经历轮番夜袭与奇袭，幕府军队溃不成军，足利义尚也身负重伤。

> **甲贺五十三家**
> 在钩之阵战争大显身手的忍者世家逐渐成为甲贺流忍术的中心，被称为"甲贺五十三家"。

自此以后，甲贺忍者便一直活跃在战国时代的舞台上。

预示战国时代终结的标志性战斗之一——关之原战役结束后，创立江户幕府的德川家康起用甲贺忍者，让他们负责守卫江户城正门，他们被称为"甲贺百人组"。

甲贺忍者 其二

令人恐惧的钩之阵夜袭

武田信玄21岁时就成为甲斐（今山梨县）的领主。把情报活动视为战略重点的他，起用了一支名为"透破"的忍者集团，并将其中优秀的忍者召集起来，成立了"三者"。这里的"三"指的就是谍报（刺探情报）、谋略（出谋划策）和监察。

　　三者装扮成僧侣、山伏、商人，散布于全国各地。各城的内部情报、兵力、家臣的动向等自不必说，就连城主的兴趣爱好、个人能力，乃至城楼的构造等极其详细的信息他们都能第一时间进行收集。

　　于是，三者就此化身为武田信玄遍布全国的耳目。

　　鉴于武田信玄足不出户就能掌握各城的详细情报，大名们将他称为"足长坊主"（意思是长腿小子）。

三者

化身为武田信玄的耳目

> ↙ 主要的活动据点
>
> 甲斐（今山梨县）
>
> ↙ 主要侍奉的武将
> 武田信玄
>
> ↙ 擅长的忍术
> 谍报

与武田信玄争斗不休的上杉谦信，被誉为"越后（今新潟县）之龙"。他麾下有一个忍者集团，名为"伏䴇"，也被称作"夜盗组""间者役"。他们以动作迅捷而著称，据说行动时如猿猴一般。

　　居住在妙高山（位于今新潟县境内）、擅长体术与咒术的山伏，也受上杉谦信驱使，从事谍报活动。

　　伏䴇的活动中最有名的，当数第四次川中岛之战。上杉谦信在属于敌方领地的妻女山安营扎寨时，为得知武田信玄军队的动向，派遣伏䴇潜入海津城刺探情报，得知武田信玄军队即将发起偷袭。于是，上杉谦信凭借伏䴇刺探的情报顺利渡过危机，与武田信玄打得有来有回，最终该战役以打成平手告终。

伏鼬

山伏也在谍报领域暗中活跃

> 主要的活动据点
> 越后（今新潟县）
>
> 主要侍奉的武将
> 上杉谦信
>
> 擅长的忍术
> 谍报

战国时代，侍奉相模（今神奈川县）北条氏的忍者集团正是风魔党。这是一个狂野的武斗派集团，每一代头领都自称"风魔小太郎"。

1580年左右，北条氏直与武田胜赖在黄濑川（今静冈县）进行了一场壮烈的战争。在这场战争中，风魔党丝毫不惧强风与激流，渡过黄濑川，发动夜袭。他们四处放火，逢敌就斩，杀戮无数。翌日天明，整个战场竟成了一片血的海洋。

活跃在北条氏大小战役中的风魔党，自北条氏被夺取天下的丰臣秀吉降伏后，便失去了用武之地。到了江户时代，落魄的风魔党甚至沦为盗贼集团。

风魔党

在北条氏的战争中大显身手

▽ 主要的活动据点

相模
（今神奈川县）

▽ 主要侍奉的武将
北条早云

▽ 擅长的忍术
奇袭、夜袭

这是一支来自纪伊（今和歌山县）根来寺的僧兵军团。传统意义上负责防卫寺庙或特定领地的僧兵，守护佛法的武器主要是薙刀，但根来众却以铁炮为武器。他们最早使用从种子岛（今鹿儿岛县）传入的火绳枪。

借此增强了实力的根来众，以雇佣兵的身份奔赴各地。在小牧、长久手（今爱知县）的战争中，他们有出众的表现。他们还曾攻打丰臣秀吉大本营所在的大阪，并攻陷了岸和田城。

后来，他们败给丰臣秀吉的大军，根来寺也随之化为灰烬。不过，德川家康看中了他们的高超忍术，雇用了他们。他们在关原战役中发挥了巨大的作用。

根来众

僧兵组成的铁炮军团

> ↳ 主要的活动据点
>
> 纪伊
> （今和歌山县）
>
> ↳ 主要侍奉的武将
>
> 织田信长、德川家康
>
> ↳ 擅长的忍术
>
> 火术

107

杂贺众的据点在纪之川河口（位于今和歌山县），坐拥一座天然港口，当地的海上贸易相当繁荣。他们批量生产铁炮，组成了一支雇佣兵集团。

率领这支雇佣兵集团的是海盗出身的忍术高手杂贺孙一。当时杂贺众名扬天下，到处流传着"与杂贺众为友则昌，为敌则亡"的说法。

以夺取天下为目标的织田信长攻打石山本愿寺（位于今大阪府）

杂贺众

铁炮加水军组成的雇佣兵集团

时，杂贺众奉命守卫本愿寺。当时他们使用了一种舍旗之术，即举着代表织田军的小旗接近对方，然后趁其不备发起攻击。他们还挖掘了很多犹如迷宫的地穴，使用土遁之术，把敌军耍得团团转。在第一次木津川口（位于今大阪府）之战中，他们使用宝禄火矢，重创敌军。

然而，最终他们还是在织田信长的大军面前投降了。

↙ **主要的活动据点**

纪伊
（今和歌山县）

↙ **主要侍奉的武将**
畠山氏

↙ **擅长的忍术**
火术

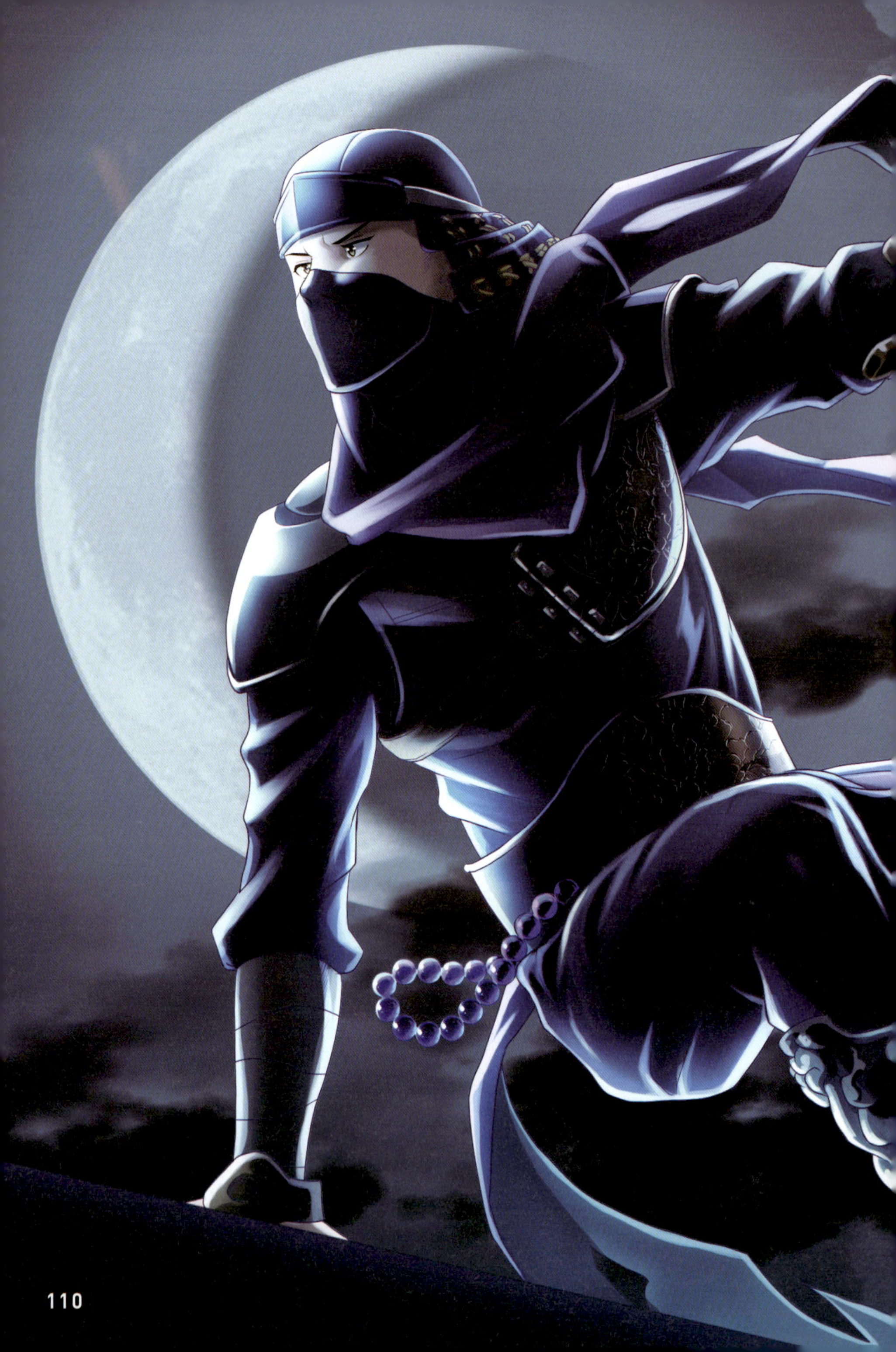

黑胫巾组

伊达政宗的影子军团

奥州（今日本东北地方）的战国武将伊达政宗，从当地的农民中选拔出擅长武术、体力强的人，组成了一个忍者集团。这些忍者的小腿上绑着黑色的布带，因此被称为"黑胫巾组"。

在与常陆（今茨城县）的佐竹义重联合军对抗的人取桥（位于今福岛县）之战中，由于战斗力远不及敌军，伊达政宗派出黑胫巾组。他们潜入敌营，散布联合军的某个武将要反叛的谣言。陷入混乱的联合军士气受挫，有些军队甚至四散逃跑，佐竹义重只能退兵。

平时，黑胫巾组散布在各地进行谍报活动，伊达政宗得以掌握全国大名的动向。

主要的活动据点
陆前（今宫城县）

主要侍奉的武将
伊达政宗

擅长的忍术
谍报

毛利元就以策略见长，在日本的中国地方[1]称霸，在他麾下行事的忍者是座头众。"座头"是失明的琵琶法师的别称。这一身份更容易使敌人掉以轻心，更容易打探情报。

例如座头众的角都，曾潜入毛利元就的死对头尼子家。角都一个劲地奉承当家的尼子晴久，使其耽于饮酒作乐。此事引起尼子晴久的叔父尼子国久的怀疑，他计划杀掉角都，但提前察觉此事的角都早早地离开了尼子家。随后，角都按照毛利元就的策略，四处散布尼子国久要背叛尼子晴久的假消息，信以为真的尼子晴久杀掉了尼子国久，尼子家的势力因此迅速衰败。

就像这样，座头众不断潜入周边各城，一边探听情报，一边制造混乱。

1 日本地域中的一个大区域概念。——编者注

座头众

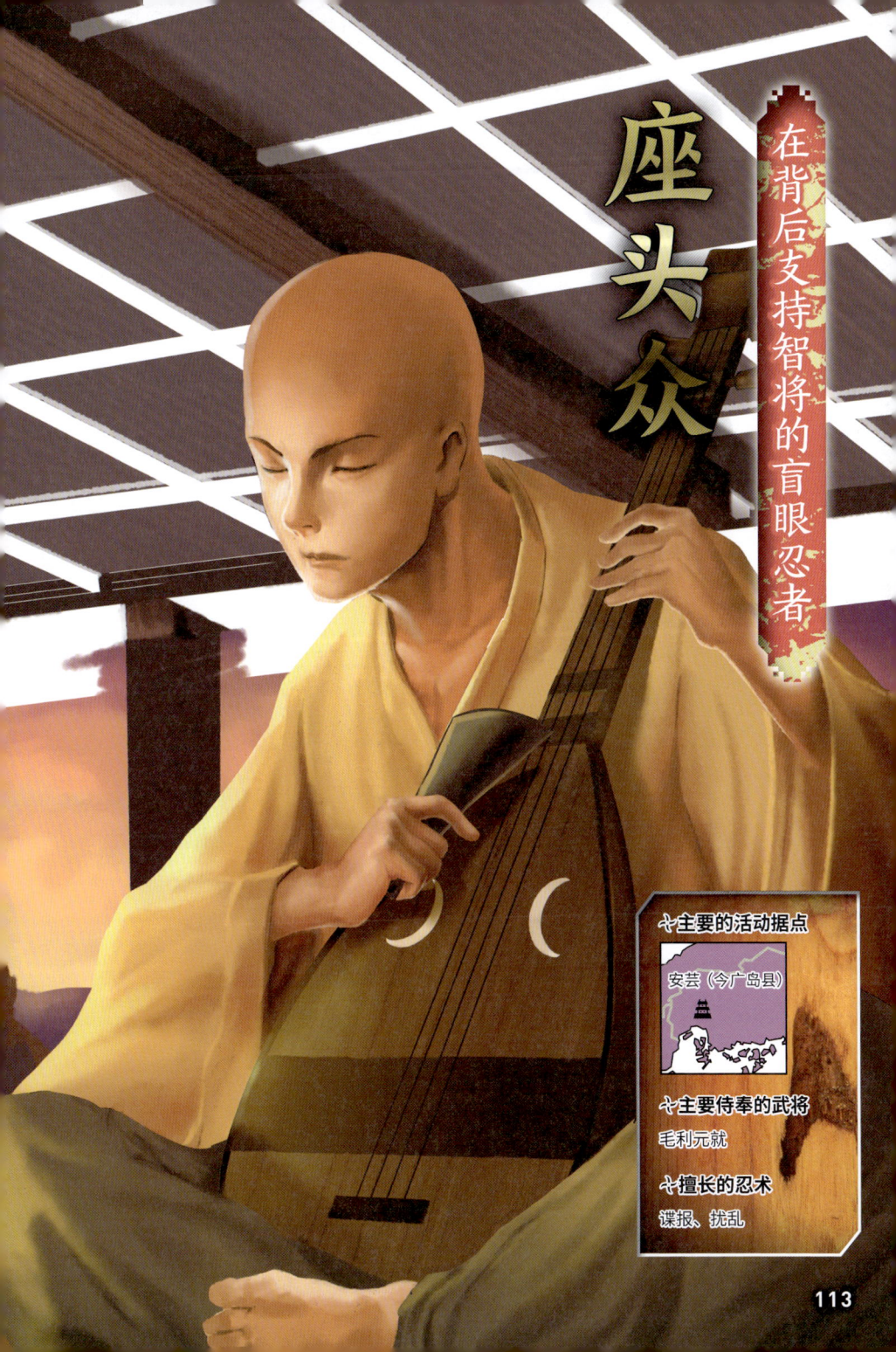

在背后支持智将的盲眼忍者

↳ 主要的活动据点
安芸（今广岛县）

↳ 主要侍奉的武将
毛利元就

↳ 擅长的忍术
谍报、扰乱

战国时代，在真田氏的领地信浓（今长野县）、上野（今群马县），有很多将修验道（一种以山岳为信仰的宗教）贯彻至极致的忍者。他们擅长使用一种被称为"饭纲之法"[1]的咒术。

　　此外，他们还精通奇袭战法。在第一次上田合战中，德川家康派出的士兵数量是真田军的3倍，真田众却通过巧设陷阱击退敌军，展现出非凡的能力。在第二次上田合战中，面对士兵数量为己方军队10倍的德川秀忠军，真田众更是凭借奇袭战法大获全胜。

[1] 借助号称能通灵的小动物来传达神的旨意或进行占卜的咒术。——译者注

真田众

使用咒术的山岳忍者

- **主要的活动据点**

  信浓（今长野县）

- **主要侍奉的武将**

  真田氏

- **擅长的忍术**

  奇袭、咒术、扰乱

115

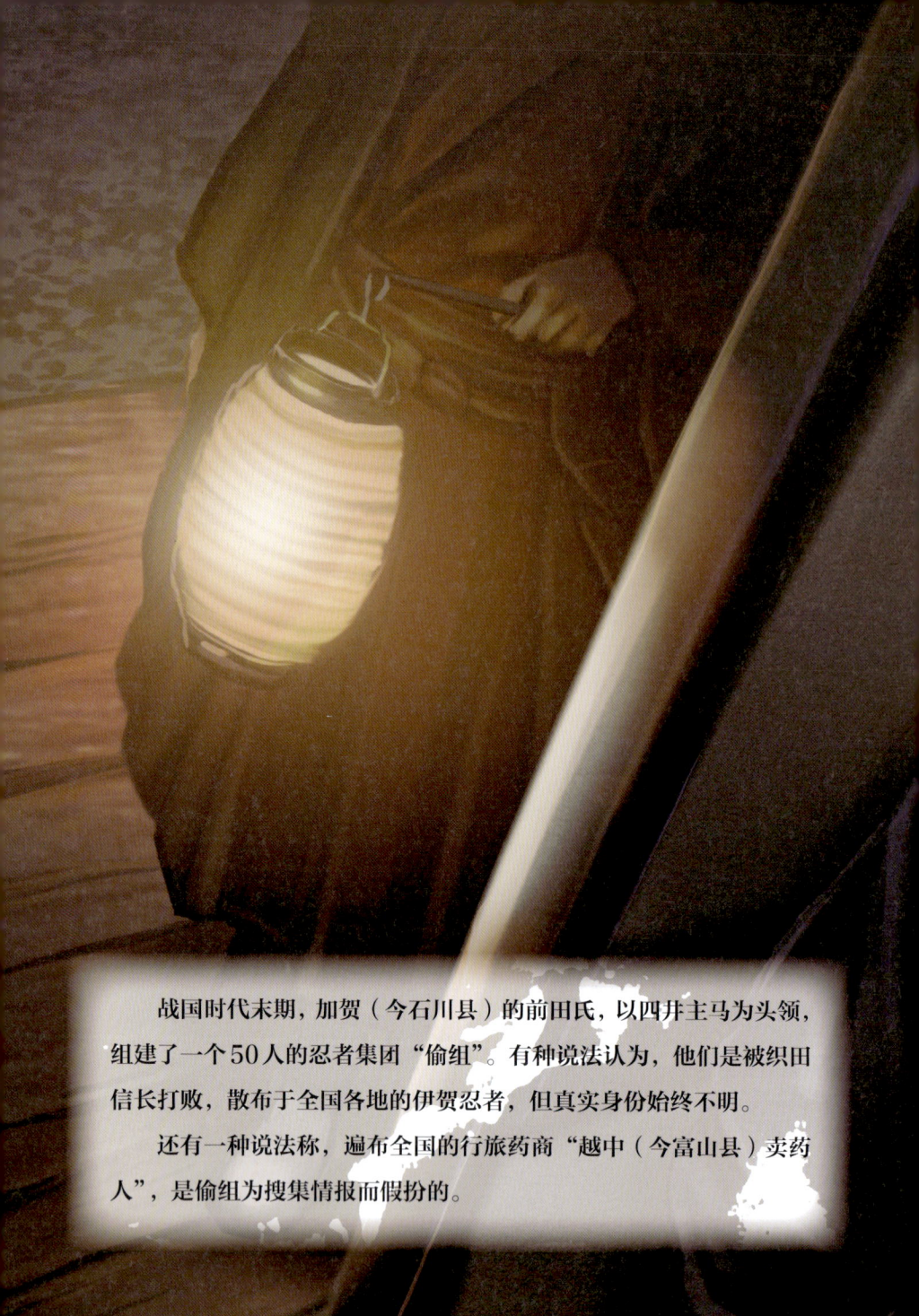

战国时代末期，加贺（今石川县）的前田氏，以四井主马为头领，组建了一个50人的忍者集团"偷组"。有种说法认为，他们是被织田信长打败，散布于全国各地的伊贺忍者，但真实身份始终不明。

还有一种说法称，遍布全国的行旅药商"越中（今富山县）卖药人"，是偷组为搜集情报而假扮的。

偷组

令前田氏繁荣壮大的伊贺一派

前田氏虽然原本侍奉丰臣秀吉，但在打败了丰臣秀吉的德川家康政权下依然继续繁荣发展。据说这归功于偷组暗中的谍报工作以及对人心术的使用，但历史上并没有任何相关记录留存下来。或许这正是一流忍者能力的证明吧。

主要的活动据点
加贺（今石川县）

主要侍奉的武将
前田利家、前田利长

擅长的忍术
谍报

据说钵屋众原本是关东地方的盗贼。这群忍者总是一边敲着钵、念着经，一边挨家挨户化缘（即"托钵"），因此被称作"钵屋众"。

　　山阴的尼子经久凭借钵屋众成为大名。尼子经久曾派钵屋众前往月山富田城（今岛根县）。他们假借参加正月的传统演出活动"千秋万岁"，成功潜入城内放火，拿出藏在演出服下的武器发动袭击。尼子经久以火为号，发起进攻，夺取了城池。

　　后来，钵屋众多次奇袭成功，使尼子经久的势力不断壮大，最终掌控了5个诸侯国。

钵屋众

借演出而潜入敌国的忍者

☙ 主要的活动据点
出云
（今岛根县）

☙ 主要侍奉的武将
尼子经久

☙ 擅长的忍术
奇袭、攻其不备

忍者奇闻 3

伊贺与甲贺是什么样的地方

伊贺是指伊贺国，甲贺是指近江国的甲贺郡。尽管有国与郡的区别，但作为忍者之乡，二者有很多共同点。

伊贺与甲贺都离京都很近，能识字、有教养的人比较多。由于当时没有学校制度，大多数人不识字，而忍者要从事情报收集工作，必须拥有丰富的知识。

此外，两地都聚集着许多被称为"土豪"的小规模领主。这是因为两地多山，土地被分割成很多小块，很难形成跨越山区的大规模势力。或许正是因为处在这样的山岳地带，以较少的人为核心的兵法才会高度发展，孕育出身怀特殊技能的忍者。

这些土豪也会修筑城池，但与基于战争目的修筑的坚固城池相比，更偏向居住功能。这样的城池被称为"城馆"。时至今日，伊贺有640处、甲贺有205处城馆遗迹留存下来。大多数城馆采用被称为"单郭环壕式"的修筑方式，呈现主建筑物被沟渠包围的形态，沟渠边缘修筑名为"土垒"的防御工事。

土豪们团结一致地对抗侵略者。在天正伊贺之乱中，伊贺忍者集结起来，与织田军作战。

伊贺与甲贺

丹后 若狭 美浓
但马 鞍马
丹波 近江 尾张
播磨 京都 三河
山城 近江国
摄津 甲贺郡
伊贺
河内 伊贺国
和泉 伊势
淡路 志摩
大和
纪伊

16世纪左右

单郭环壕式修筑方式

沟垄形式
在城池周围挖出沟渠，将挖出的土堆积在内侧，形成土垒。

切削形式
利用斜面，用后方沟渠或城池内部的土筑成土垒。

忍者奇闻 4

忍者住屋 完全图解

有些土豪或忍者居住的宅邸内设置了各种各样的机关，他们的宅邸被称为"忍者住屋"。考虑到忍者要制作毒药、药品、火药等，他们在屋中设置机关，或许就是为了防备敌人盗取制作方法。

暗室
由暗梯或绳梯进入。暗室往往位于屋子二层，下层房间的天花板构成了它的地板。暗室多用于存放重要物品，或供人躲在这里观察屋内的情况。

机关门
看上去是墙壁，但可以打开，变成一扇通往地下的门。

监视间
位于外墙内侧的小房间，忍者可以躲在这里可以监视屋内的情况。

※图为伊贺流忍者博物馆的忍者住屋。

照片提供：伊贺流忍者博物馆

忍者住屋的构造

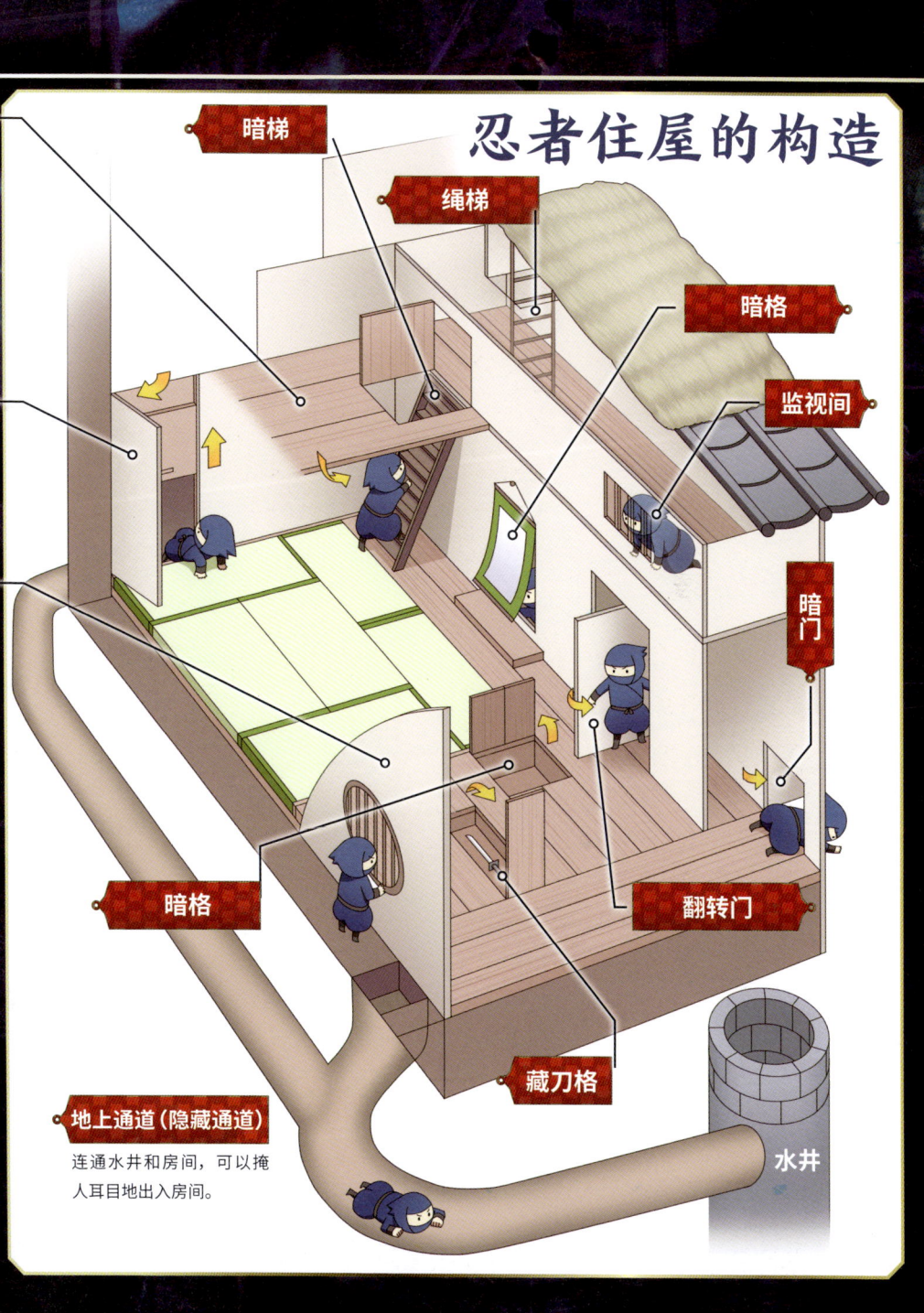

- 暗梯
- 绳梯
- 暗格
- 监视间
- 暗门
- 暗格
- 翻转门
- 藏刀格
- 水井

地上通道（隐藏通道）
连通水井和房间，可以掩人耳目地出入房间。

忍者奇闻 5

忍者的生活

早睡早起

早晨
　　忍者会在日出时分起床。

上午
　　吃完饭，开始耕种。大多数忍者精通耕种，用自己种的草药制作必备的药品与毒药，还能自己种粮食，以防食物被下毒。

下午
　　下午是所谓的修行时间。除了锻炼体魄、磨炼忍术，忍者还会进行强化感官、集中精神等方面的训练。
　　执行任务时，忍者会非常小心，避免被周围的人怀疑。为此，有时他们还会变装。

夜晚
　　忍者会训练自己在睡觉时不发出声音。当然，睡相不好也是不行的。据说忍者睡觉时总是朝左边侧睡，这是为了在遭遇偷袭时保护身体左侧的心脏。
　　对忍者而言，日常生活中的所有行动都是修行。

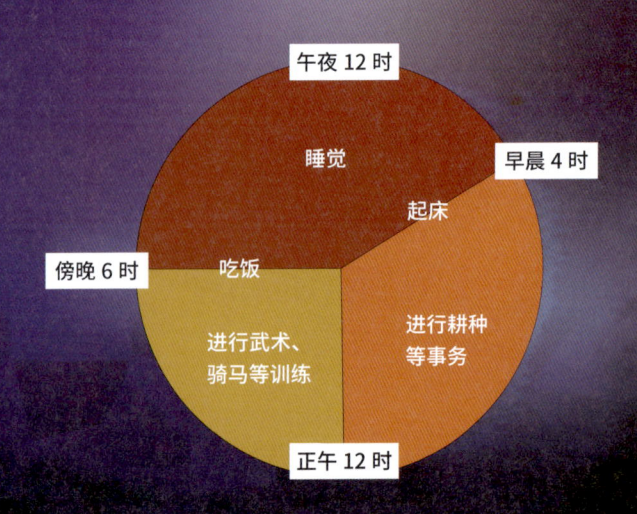

忍者的身份一旦暴露，便无法执行任务。那么，忍者每天过着怎样的生活呢？

饼图：
- 午夜12时 — 睡觉
- 早晨4时 — 起床
- 进行耕种等事务
- 正午12时
- 进行武术、骑马等训练
- 傍晚6时 — 吃饭

第4章 忍者列传

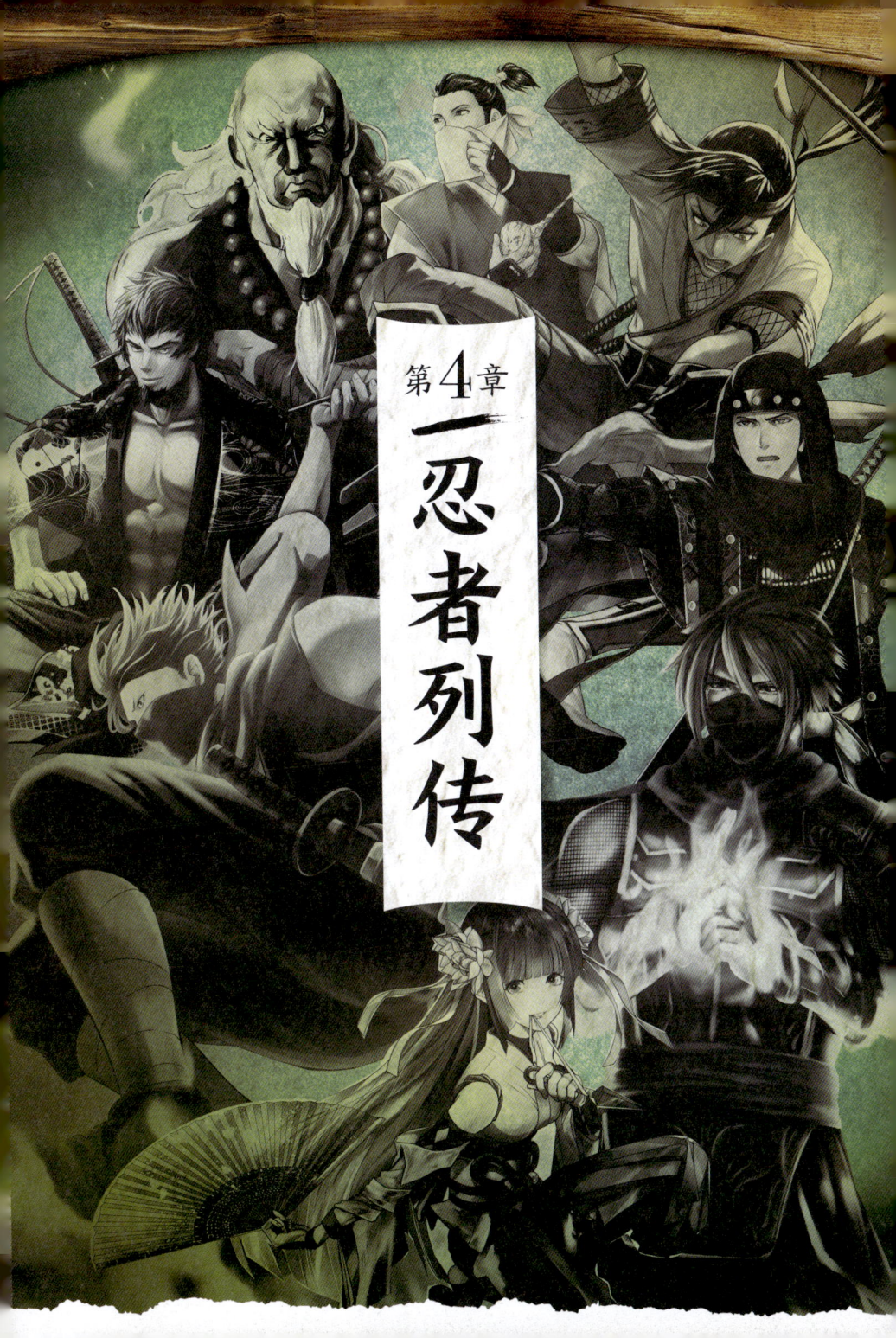

当时的鞍马寺是"修验者"山伏的修行地。源义经以这些人为师，经过刻苦的训练，学会了一身忍术。后来，他去往为打倒平氏而举兵的哥哥源濑朝身边。在一之谷合战、坛之浦之战中，义经展现出卓绝的能力，最终消灭了平氏。

流派　义经流
所属　无
籍贯　京都（今京都府）
生卒　1159—1189

源义经自幼被寄养在京都的鞍马寺中，乳名牛若丸。他得知自己的父亲源义朝败于平氏之手并遭到杀害，便下定决心要打倒平氏。

义经流忍术之祖 源义经

千锤百炼，只因志存高远

武力
招式
智力
传奇度
谍报力
不动之心

在五条大桥的栏杆上闪展腾挪、与武藏坊弁庆进行惊险的死斗、在坛之浦合战中接连跳过八艘船等，据说都是高超义经流忍术的体现。

忍者如风，锐不可当

　　伊势三郎义盛是源义经麾下的"四大天王"之一。他曾是盘踞在铃鹿山（位于今三重县）的山贼头领，后被源义经起用。在与平氏的战斗中，他作为源义经的副将大显身手。志度（今香川县）合战中，他使用人心术，出色地骗过敌军，仅以16骑人马就降伏了对方的3000名骑兵。

　　在《义盛百首》中，伊势三郎义盛讲述了很多忍者的心得，例如"夫忍者，传习之道甚多；为首者，近人也"，意思是对忍者来说需要学习的东西有很多，但最重要的是学会如何与人沟通。

伊势三郎义盛

传扬忍者的心得

- 流派—伊贺流
- 所属—源义经
- 籍贯—伊贺（今三重县）
- 生卒—？—1186

武力
招式
智力
传奇度
谍报力
不动之心

身为源义经的家臣，他曾屡立战功。相传《义盛百首》就是伊势三郎义盛所作的和歌集。

加藤段藏是一个独来独往的忍者，由于他可以飞跃任何围墙、沟渠，所以被称为"飞（鸢）加藤"。他还非常善于使用幻术。

加藤段藏曾想投入越后（今新潟县）的武将上杉谦信麾下。为了引起上杉氏家臣的注意，他竟在百姓面前施展将一整头牛活活吞下的"吞牛之术"。

招式
武力
智力
传奇度
谍报力
不动之心

生卒	籍贯	所属	流派
不详	不详	无	不详

加藤段藏之名因吞牛之术而广为流传。如果不是因为他过度展现自己的能力，或许能在战国时代大显身手。

生吞活牛"飞加藤"

加藤段藏

身怀令人畏惧之绝技的流浪忍者

闻讯而来的上杉谦信打算试试他的身手,于是问他:"你能否去我的重臣直江家把他的长刀偷出来?"结果加藤段藏不仅突破了重重警戒,轻而易举地将刀偷到手,还把直江家一个睡着的女孩也一并偷了出来。见识了这番绝技的上杉谦信不寒而栗,但考虑到加藤段藏一旦反叛,必将难以应付,因此并没有把他纳入麾下。

后来,加藤段藏试图转投上杉谦信的对手——武田信玄麾下。然而,武田信玄同样畏惧他,甚至怀疑他是对手派来的间谍,将他杀了。

果心居士曾在高野山（位于今和歌山县）作为僧人进行修行，但因过度沉迷幻术而被逐出佛门。

他施展过许多令人惊异的幻术，例如在房子里召唤龙、在猿泽池（位于今奈良县）投入的竹叶化作能够游动的活鱼。他还曾当着武将明智光秀的面走到屏风后，彻底消失不见。

相传在各地旅行的果心居士与不同的武将都有接触，暗中活跃。但有关他的具体情况也如幻术般至今不明。

武力
招式
智力
传奇度
谍报力
不动之心

果心居士并不侍奉特定的主公，而是利用幻术不断愚弄战国大名。据说他无论怎么杀都杀不死。

果心居士

天下第一的幻术师

见识一下幻术的恐怖吧

流派	不详
所属	无
籍贯	大和（今奈良县）
生卒	不详

甲贺忍者中存在被称为"五十三家"的名门，伴太郎左卫门资家正是出身于伴家的精英忍者。

伴太郎左卫门资家一开始在德川家康麾下。德川家康在攻打今川氏的上之乡城时，一度久攻不下，可伴太郎左卫门资家却轻而易举地潜入城中，使用自己擅长的火术放起火来，引发混战，使德川家康赢得胜利。

后来，他投入以统一天下为目标的织田信长麾下。然而在本能寺之变中，织田信长遭到家臣明智光秀的袭击。在场的伴太郎左卫门资家虽奋力作战，但信长自知无力反抗，选择自戕。

相传为了防止织田信长的头颅被明智光秀砍下而遭羞辱，伴太郎左卫门资家使用火术焚化了织田信长的遗体，以此报恩。

武力　招式　智力　传奇度　谍报力　不动之心

擅长使用火术。在攻打上之乡城之际，伴太郎左卫门资家与城主兵刃相见，救出了被掳走的德川家康的妻子。

令人落泪的最后的火术

伴太郎左卫门资家

本能寺中为信长殉身

- 流派 — 甲贺流
- 所属 — 松平氏、织田氏
- 籍贯 — 近江（今滋贺县）
- 生卒 — ？—1582

伊贺崎左卫门道顺又名楯冈之道顺，在火术和变装术方面很有造诣。

当年，六角氏攻打百百氏的佐和山城（今滋贺县），却久攻不下，于是请来伊贺崎左卫门道顺协助。伊贺崎左卫门道顺率领伊贺忍者、甲贺忍者共48人开始行动。他先与给城内运送木柴的樵夫搞好关系，并借机乔装成樵夫，把浸了药水、更容易燃烧的木柴运进了城内。接着，他又乔装成城中的士兵，在城内各处设置名为"胴火"的定时点火装置。傍晚时分，城内各处着火之时，伊贺崎左卫门道顺趁机高喊："有叛徒！"趁着城内陷入混乱，六角氏发起了进攻。结果，不过一天时间，这座城池就被攻陷了。

流派｜伊贺流
所属｜北畠氏、六角氏、德川氏
籍贯｜伊贺（今三重县）
生卒｜不详

擅长使用火术和变装术。极具领袖气质。

擅长变装术的攻城名家

伊贺崎左卫门道顺

攻无不克，非情之术

石川五右卫门出生于伊贺（今三重县）的石川村，早年拜百地三太夫为师学习忍术。后来，他脱离伊贺忍者，成了一个大盗，据说他专偷富人或当权者。在丰臣秀吉统治的年代，他很受普通百姓爱戴，是他们心目中的英雄。

石川五右卫门曾潜入丰臣秀吉所在的伏见城，打算偷走宝物千鸟香炉。他用忍术让负责守卫的士兵睡着，就在快得手之际，香炉却突然发出声音，使得事情败露。

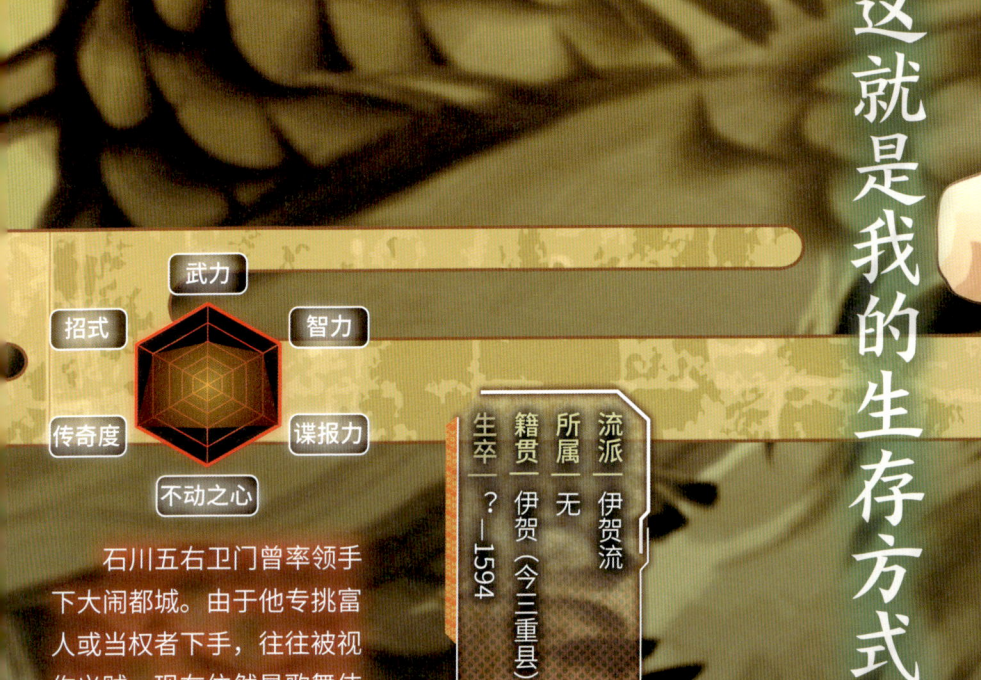

这就是我的生存方式

武力
招式
智力
传奇度
谍报力
不动之心

流派｜伊贺流
所属｜无
籍贯｜伊贺（今三重县）？
生卒｜？—1594

石川五右卫门曾率领手下大闹都城。由于他专挑富人或当权者下手，往往被视作义贼，现在依然是歌舞伎等戏剧中的热门形象。

成为大盗的伊贺逃忍

石川五右卫门

率领一群狂徒展开激烈斗争

- 武力
- 招式
- 智力
- 传奇度
- 谍报力
- 不动之心

战国时代结束后，失去生存之所的他沦落为盗贼，空留一身本领无处施展。

风魔小太郎

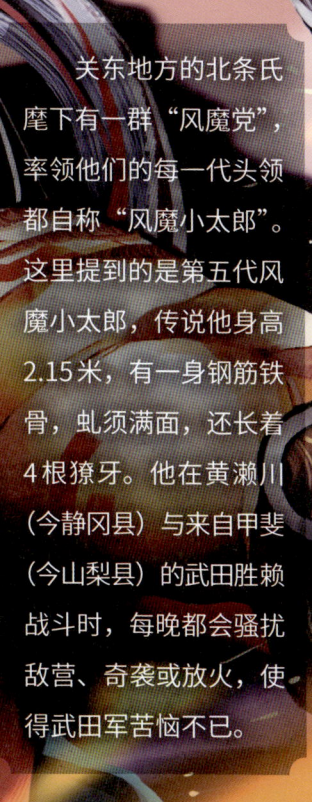

北条氏风魔党的「怪物」头领

关东地方的北条氏麾下有一群"风魔党",率领他们的每一代头领都自称"风魔小太郎"。这里提到的是第五代风魔小太郎,传说他身高2.15米,有一身钢筋铁骨,虬须满面,还长着4根獠牙。他在黄濑川(今静冈县)与来自甲斐(今山梨县)的武田胜赖战斗时,每晚都会骚扰敌营、奇袭或放火,使得武田军苦恼不已。

为了提防武田军忍者潜入,风魔小太郎实行"同站同坐"策略,即我方全体成员根据有一定规则的暗号同时站起、坐下,那些跟不上节奏、手忙脚乱的人就会被当作敌人直接杀掉。

直至北条氏灭亡前,风魔党一直在战场上纵横驰骋。

流派—风魔党
所属—北条氏
籍贯—相模(今神奈川县)
生卒—不详

武力
招式
智力
传奇度
谍报力
不动之心

服部半藏正成不仅是伊贺忍者的头领，也是一名出色的武将。

伊贺同心，守卫家康殿下

"服部半藏"是伊贺忍者中服部家当家代代相传的名字，服部半藏正成是第2代当家。室町幕府走向衰颓的时代，他的父亲侍奉松平清康（德川家康的祖父），他自己侍奉的是德川家康。

服部半藏正成曾率领六七十个伊贺忍者夜袭宇土城（今爱知县），取得战功。此外，在姊川（今滋贺县）之战和三方原（今静冈县）之战等战斗中，他同样大显身手，获得"鬼半藏"的名号。

本能寺之变后，他立即护送作为织田信长结盟者的德川家康前往三河（今爱知县），史称"伊贺越"。后来，在德川家康开启江户幕府的统治后，他仍以伊贺二百人组头领的身份守护德川家康。

服部半藏正成

德川家康的守护神『鬼半藏』

流派　伊贺流
所属　服部家、德川氏
籍贯　三河（今爱知县）
生卒　1542—1596

大林坊俊海曾是羽黑山（今山形县）的修验者，以黑胫巾组一员的身份侍奉伊达政宗。人取桥（今福岛县）之战时，他靠散布假情报的人心术，救伊达政宗于危难中，声名远扬。

　　在与芦名氏的战斗中，他同样大显身手。当时，他接到伊达政宗的直接命令，潜入黑川城（今福岛县），将芦名军详细的军备情况乃至人际关系都调查得清清楚楚，并悉数传递给伊达政宗。行动果决的伊达政宗选择在折上原（今福岛县）东侧布阵。原本强劲的西风，午后突然转变为东风。借助风势，伊达政宗获得了胜利。

　　据说，这一战略是大林坊俊海从当地农民那里打听到季风的情报后制订的。

大林坊俊海

暗中活跃在伊达政宗麾下

胜局已定

- 流派｜黑胫巾组
- 所属｜伊达政宗
- 籍贯｜陆前〔今宫城县〕
- 生卒｜1567～？

情报收集能力首屈一指。深得伊达政宗信赖。

武力／招式／智力／传奇度／谍报力／不动之心

领教一下

　　望月千代女出生于甲贺五十三家之首的望月家。她嫁给了信浓（今长野县）的豪族望月盛时，但望月盛时在川中岛合战中战死了。

　　武将武田信玄看中了千代女的忍术水平，委托她培养一支女忍部队——"步巫女"。所谓步巫女，是指巡游各国，为民众祈福的巫女。由于步巫女无论前往何地都不容易令人起疑，还能潜入男人无法进入的地方，进行谍报活动可以说再合适不过了。相传她们在巡游全国各地时收集的情报，都由望月千代女加以整理并传达给武田信玄，但这其实是后世进行的文学加工。

武力
招式
智力
传奇度
谍报力
不动之心

　　望月千代女教育了数百个孤女，将她们培养成优秀的女忍，纳入自己麾下。

望月千代女

女忍培养学校的头领

忍者的奥妙吧

- 流派 甲贺流？
- 所属 武田氏
- 籍贯 不详
- 生卒 不详

超速，『神足』

	武力	
招式		智力
传奇度		谍报力
	不动之心	

由于速度实在太快，武田氏每次遗失物品都会怀疑熊若。有一次，他为了证明自己的清白，亲手抓住了盗贼。

神速的忍者 熊若

熊若是武田信玄选拔的"三者"中的一员，他侍奉武田信玄的重臣饭富虎昌，以极其迅捷的奔跑速度而闻名。

这种远超常人的奔跑能力，在武田信玄与上杉谦信之间的第四次川中岛合战中得到了充分应用。当时，饭富虎昌忘记带军旗上战场，为了翌日能开战，熊若主动提出要去取军旗。他来回奔走了大约256千米，甚至直接翻墙进入城中，然后抱着军旗返回营地。据说他一共只花了4小时，速度是现代最快的马拉松运动员的近3倍，可以说相当惊人。

流派	甲州流？
所属	饭富虎昌
籍贯	甲斐（今山梨县）
生卒	不详

高峰藏人

用火术将城池一举攻陷

武力 / 招式 / 智力 / 传奇度 / 谍报力 / 不动之心

织田信长非常佩服冈部长教的战术，但这其实是高峰藏人的功劳。

- 流派：甲贺流
- 所属：冈部长教
- 籍贯：近江（今滋贺县）
- 生卒：不详

高峰藏人是隶属于今川义元麾下的冈部长教的甲贺忍者。桶狭间（今爱知县）之战中，尽管今川义元战死了，但冈部长教毫不退缩，反而盯上了织田信长一方的刈谷城（今爱知县）。高峰藏人潜入城中，摸清了城内的情况，引长教军发动奇袭，而他则在上风处放火，并于一片混乱中斩杀了城主水野信近。

竹内虎之助

为长宗我部元亲而战

流派	不明
所属	长宗我部元亲
籍贯	土佐（今高知县）
生卒	不详

能力值：武力、招式、智力、传奇度、谍报力、不动之心

竹内虎之助为人果断，沉着冷静，身怀绝技，尤善登术。

针对修筑于悬崖绝壁之上的冈本城（今爱媛县），武将长宗我部元亲询问竹内虎之助攻城的方法。竹内虎之助的回复是，可以反其道行之，从敌人警备松懈的悬崖绝壁攀登上去。后来，他使用登器，成功潜入城中。被他超群的攀登技术震慑的敌军转瞬间就失去斗志，纷纷选择投降。

望月出云守

神出鬼没的烟术名家

- 武力
- 招式
- 智力
- 传奇度
- 谍报力
- 不动之心

> 望月家擅长暗中行动，以甲贺二十一家之一闻名于世。

望月出云守出生于甲贺五十三家头领的望月家，曾在六角氏与足利将军争斗的钩之阵战争中大显身手。在这场战争中，擅长烟术的望月出云守制造烟雾，令敌军陷入混乱，帮助六角氏取得了胜利。后来，望月出云守依旧为谍报活动尽心尽力。

流派	甲贺流
所属	望月家
籍贯	近江（今滋贺县）
生卒	不详

存留至今的忍者住屋

位于滋贺县甲贺市的甲贺流忍者住屋，其实曾是望月出云守的住宅。这间住宅中遍布各种各样的陷阱和机关。

百地丹波

伊贺忍者巨星

- 流派：伊贺流
- 所属：百地家
- 籍贯：伊贺（今三重县）
- 生卒：不详

百地家与服部家、藤林家共同统领着伊贺，百地丹波是百地家的头领。伊贺忍者与试图夺取天下的织田信长展开了一场名为"天正伊贺之乱"的惨烈战争。

在这场战争中，他们虽然击败了织田信长的次子织田信雄，却无力抵抗织田信长随后派来的大军。百地丹波虽然力战到最后一刻，但在战斗结束后便失去了音信。

武力 / 智力 / 谍报力 / 不动之心 / 传奇度 / 招式

统率身强体壮的伊贺忍者的一流领导者。被称为"伊贺流忍术的始祖"。

唐泽玄蕃

超人般的跳跃力

据说唐泽玄蕃可以在不助跑的情况下跳1.8米远，从12米高的地方跳下去也不会发出任何声响。

面对久攻不下的尻高城（今群马县），真田昌幸命唐泽玄蕃利用火术攻城。唐泽玄蕃轻而易举地潜入城中，成功地放了火。对他来说，偷取宝物也如探囊取物一般。

武力
招式
智力
传奇度
谍报力
不动之心

唐泽玄蕃不仅拥有超人般的跳跃力，还擅长使用火术。他被称为"名忍者"。

流派	不详
所属	真田氏
籍贯	上野（今群马县）
生卒	不详

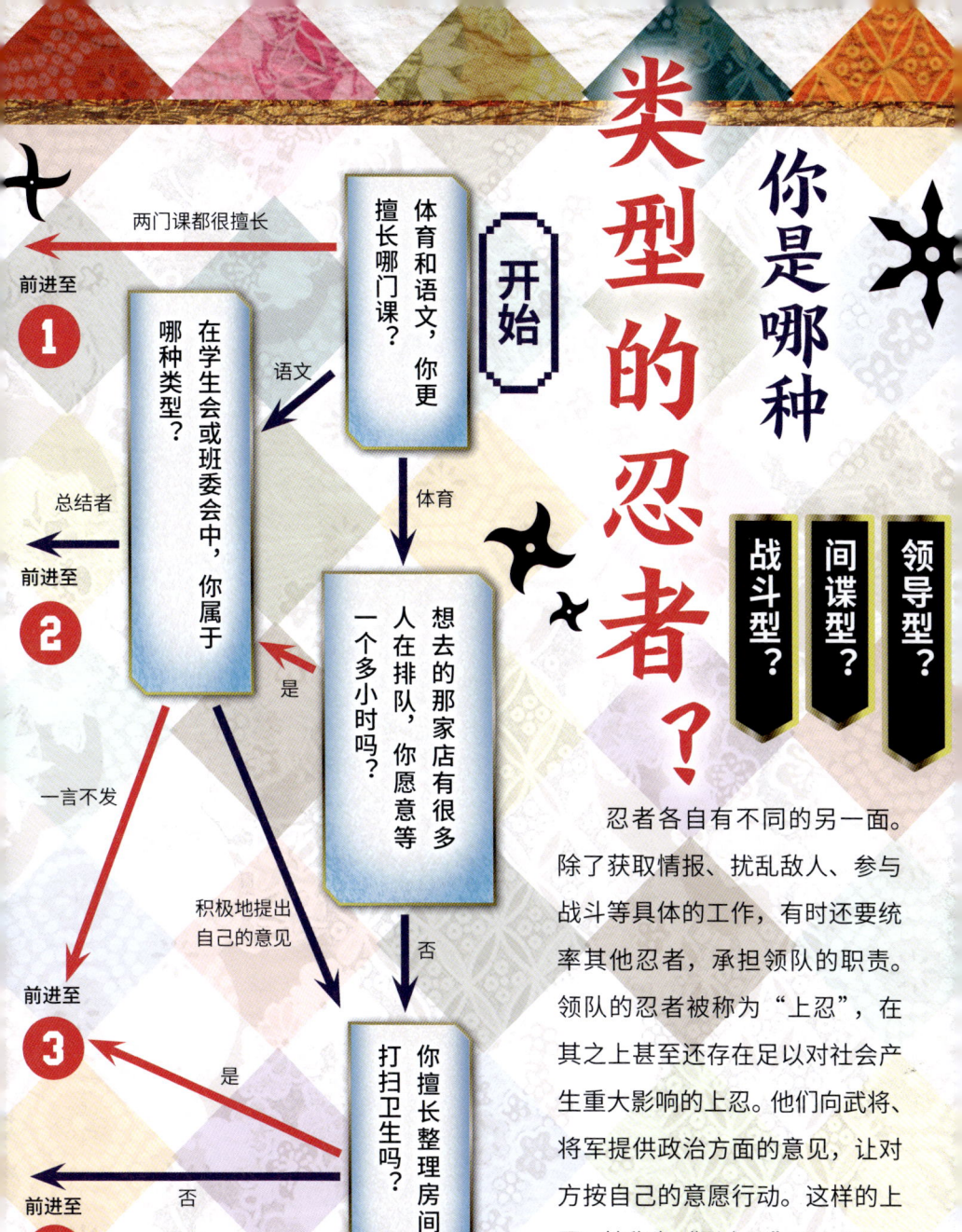

你是哪种类型的忍者？

战斗型？
间谍型？
领导型？

忍者各自有不同的另一面。除了获取情报、扰乱敌人、参与战斗等具体的工作，有时还要统率其他忍者，承担领队的职责。领队的忍者被称为"上忍"，在其之上甚至还存在足以对社会产生重大影响的上忍。他们向武将、将军提供政治方面的意见，让对方按自己的意愿行动。这样的上忍，就称为"影之王"吧。那么，你是哪种类型的忍者呢？

流程图

开始： 体育和语文，你更擅长哪门课？

- 两门课都很擅长 → 前进至 **1**
- 语文 → 在学生会或班委会中，你属于哪种类型？
  - 总结者 → 前进至 **2**
  - 一言不发 → 前进至 **3**
  - 积极地提出自己的意见 → 前进至 **3**
- 体育 → 想去的那家店有很多人在排队，你愿意等一个多小时吗？
  - 是 → （返回"在学生会或班委会中，你属于哪种类型？"）
  - 否 → 你擅长整理房间或打扫卫生吗？
    - 是 → 前进至 **3**
    - 否 → 前进至 **4**

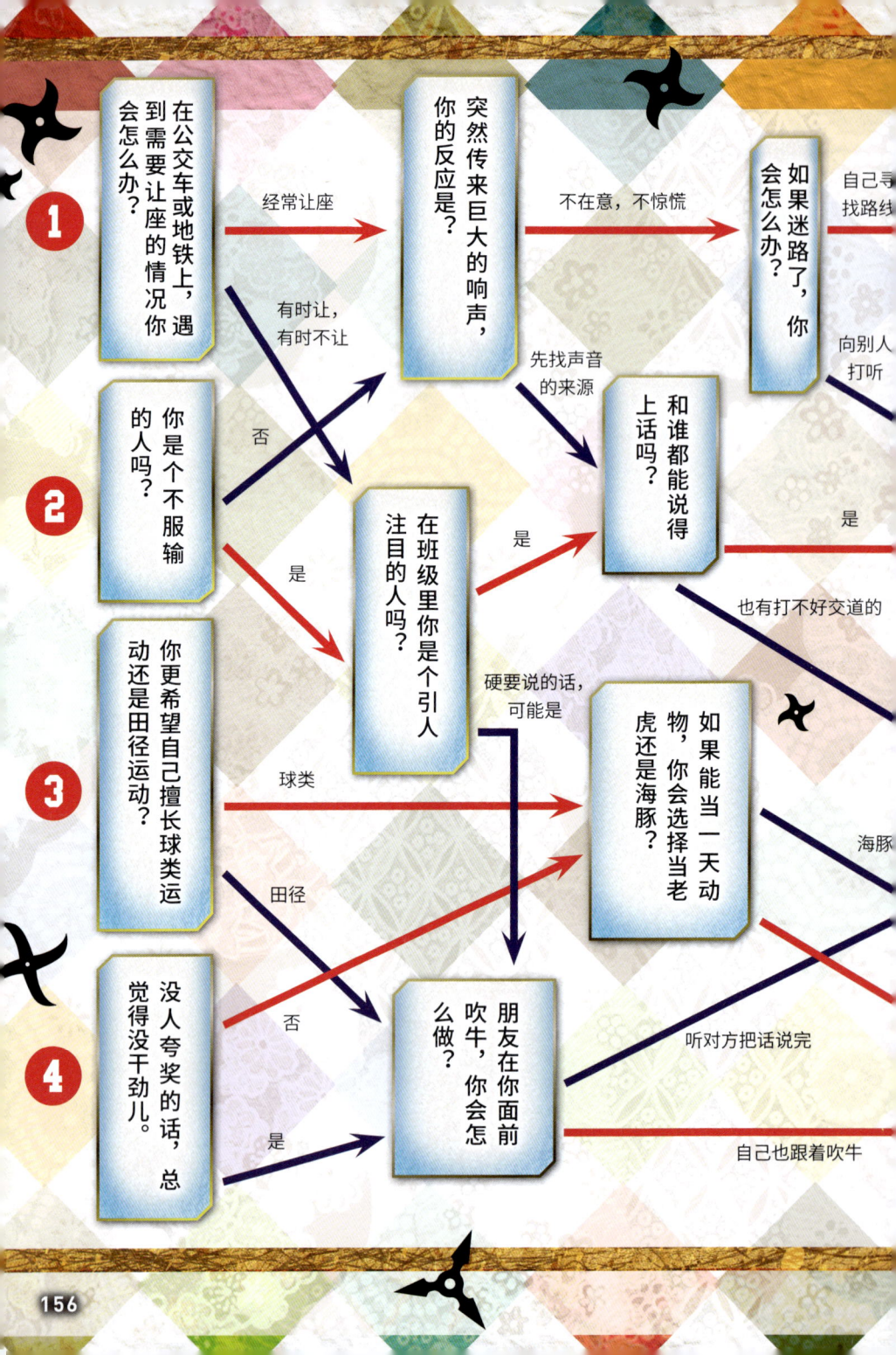

1 在公交车或地铁上，遇到需要让座的情况你会怎么办？ —经常让座→ 突然传来巨大的响声，你的反应是？ —不在意，不惊慌→ 如果迷路了，你会怎么办？ —自己寻找路线 / 向别人打听→ 是

有时让，有时不让 ↗

2 你是个不服输的人吗？ —否↗ / —是→ 在班级里你是个引人注目的人吗？ —是→ 和谁都能说得上话吗？ (先找声音的来源)

也有打不好交道的

3 你更希望自己擅长球类运动还是田径运动？ —球类→ / 田径↗ 如果能当一天动物，你会选择当老虎还是海豚？ 硬要说的话，可能是

海豚

4 没人夸奖的话，总觉得没干劲儿。 —否↗ / —是→ 朋友在你面前吹牛，你会怎么做？ —听对方把话说完 / 自己也跟着吹牛

156

你更懂憬哪一类人？

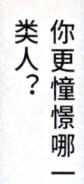

- 什么都懂的人 →
- 说话风趣幽默的人 ↓

独处的时候会感到寂寞吗？

- 否 →
- 是 ↓

如果自己的意见和大多数人不同，你会怎么办？

- 说服别人 →
- 服从多数 ↓

老虎

运筹帷幄
影之王型

是不是有人说你很有大人样？你为人沉着冷静，将来必能成大器。目光放长远，好好努力吧！

忍者头领
上忍型

应该有很多人非常依赖你吧。今后你可以更加积极地承担班委等工作，不断地磨炼自己！

擅长"情报战"
谍报派型

这种类型的人擅长抓住别人的心，所以总能在不经意间获得情报。建议你多读书，充实自己的谈资。

无所不能
下忍型

能够按部就班地完成任务的实战派。希望你能发挥自己的长处，不管是在学习方面还是体育运动方面，都坚持不懈地努力下去。

擅长作战
战斗型

能够利用自身卓越的身体能力，在战斗中大显身手的类型。一定要好好吃饭，好好锻炼。不要忘记磨炼自己的感官。

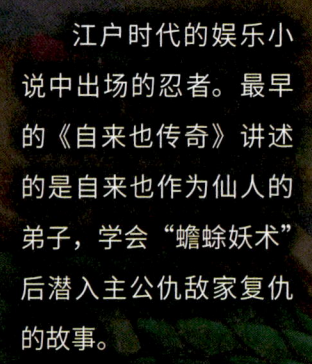

江户时代的娱乐小说中出场的忍者。最早的《自来也传奇》讲述的是自来也作为仙人的弟子，学会"蟾蜍妖术"后潜入主公仇敌家复仇的故事。

之后的《儿雷也豪杰谭》中，他换了个名字重新登场。在这个故事中，儿雷也是一个与大蛇所生的大蛇丸对抗的正义之士。儿雷也的妻子纲手是个绝世美人，有操纵蛞蝓的能力。这个奇思妙想的故事在当时很受欢迎，还被改编成歌舞伎，儿雷也成为知名的人物形象。时至今日，这个角色还会在漫画等作品中登场。

武力
招式
智力
传奇度
谍报力
不动之心

自来也的言行举止已经成为忍者的象征性标志。

架空的忍者 ①

自来也

蟾蜍妖术师

流派　伊贺流？
所属　无
籍贯　伊贺（今三重县）？
生卒　不详

猿飞佐助是武将真田幸村麾下的"真田十勇士"的头领。幼年时代，他师从忍术名家户泽白云斋，学了一身甲贺流忍术。后来，他被真田幸村发掘，成为传说级忍者。

相传他身手过人，曾潜入德川家康的城池中盗取情报。在战场上，他还会通过设置埋火来让敌军陷入混乱。

猿飞佐助最擅长的忍术是在双手结印后立刻隐形。在这种近乎无敌的忍术的加持下，猿飞佐助被描述为一位正义的英雄。时至今日，他仍是活跃在各类电影、漫画中的传说级忍者。

流派	甲贺流
所属	真田氏
籍贯	信浓（今长野县）
生卒	不详

武力 / 招式 / 智力 / 传奇度 / 谍报力 / 不动之心

据说他自小就力大无穷，在与猿猴的嬉闹中锻炼出了敏捷的身手。

架空的忍者 ②

猿飞佐助

隐遁身形！『真田十勇士』的头领

架空的忍者 ③

雾隐才藏

猿飞佐助的冷酷对手

　　雾隐才藏与猿飞佐助同为"真田十勇士"之一。他的父亲是侍奉战国武将浅井长政的雾隐弹正左卫门。浅井氏灭亡后，他隐居在伊贺，跟随百地三太夫学习伊贺流忍术。

　　之后，雾隐才藏成为山贼。也正是在这一时期，他遇到了猿飞佐助。二人以忍术一较高下，结果雾隐才藏被猿飞佐助制伏，决定洗心革面。

　　在真田幸村与德川军对战的大阪夏之阵中，雾隐才藏全面地展现出自己高超的本领。尽管他暗杀德川家康失败，但是在德川家康即将攻下大阪城之际，他帮助丰臣秀赖成功出逃的事迹，仍使他名列传说级忍者。

　　与开朗的猿飞佐助不同，雾隐才藏经常被描述为性格冷酷的人。

流派｜伊贺流
所属｜真田氏
籍贯｜近江（今滋贺县）
生卒｜不详

武力
招式 智力
传奇度 谍报力
不动之心

有一身卓越的本领,能够飞檐走壁,制造迷雾。

从忍者身上，我们能学到什么？

　　各位读者思考过"忍"这个字的含义吗？在日语中，"忍"字包含在不为人知的情况下悄悄进入的意思，因此那些潜入敌方领地的人便被称为"忍者"。"忍"还有忍耐、忍受的意思，这也意味着忍者是平日努力锻炼、尽心尽力完成任务的人。不追求引人瞩目，不夸耀自己的成就，而是默默无闻地立下丰功伟绩——这就是忍者。

　　"忍"这个字由上半部分的"刃"字和下半部分的"心"字组成，象征着哪怕在心脏即将被刀刃刺中这种极为危险的状况下，也能毫不动摇地冷静思考，是有坚定自我意志的强大内心的展现。为了达到这样的境界，日复一日的锻炼是不可或缺的。不管做任何事情，都不可能一蹴而就，只有每日训练，不断积累，才能取得成就。

　　读完这本书，想必各位读者了解了许多关于忍术、忍器的知识，这些都是忍者每天钻研、不断试错而留下的成果。忍者必须精通草药、情报传达、与他人沟通等方面的知识。更重要的是，一旦忍者接到命令，不管遇到怎样困难的情况，都必须坚忍求生，保证完成任务。

　　由此我想到，各位读者在生活中一定也会有遭遇困难的时刻。遇到困难时，不妨想想忍者精神，把眼前的困难当作锻炼自己的绝佳机会，如一名无畏的忍者一样，勇敢地去面对。希望你们能够坚韧不拔地克服困难。只要克服困难，就能实现自我成长。

三重大学人文学部教授　山田雄司

版权贸易合同审核登记图字：22-2024-109

图书在版编目（CIP）数据

忍者忍术大百科 /（日）入泽宣幸著；叶文麟译.
贵阳：贵州人民出版社，2025. 2. -- ISBN 978-7-221
-18828-1

Ⅰ. K313.03

中国国家版本馆CIP数据核字第2024TL6676号

Ninja Ninjutsu Visual Daihyakka
©Noriyuki Irisawa 2017
First published in Japan 2017 by Gakken Plus Co., Ltd., Tokyo
Simplified Chinese translation rights arranged with Gakken Inc.

RENZHE RENSHU DABAIKE

忍者忍术大百科

[日]入泽宣幸　著　叶文麟　译

出 版 人	朱文迅
策划编辑	陈继光
责任编辑	杨　悦
装帧设计	人马艺术设计·储平
监　　修	山田雄司
出版发行	贵州出版集团 贵州人民出版社
地　　址	贵阳市观山湖区会展东路SOHO办公区A座
印　　刷	天津联城印刷有限公司
版　　次	2025年2月第1版
印　　次	2025年2月第1次印刷
开　　本	787毫米×1092毫米 1/32
印　　张	5.5
字　　数	200千字
书　　号	ISBN 978-7-221-18828-1
定　　价	59.00元

如发现图书印装质量问题，请与印刷厂联系调换；版权所有，翻版必究；未经许可，不得转载。